基于教育大数据的
教师专业成长丛书

王陆◎丛书主编

教师网络研修活动
设计方法与技术

杨卉　冯涛 ◎ 编著

北京师范大学出版集团
BEIJING NORMAL UNIVERSITY PUBLISHING GROUP
北京师范大学出版社

图书在版编目(CIP)数据

教师网络研修活动设计方法与技术 / 杨卉，冯涛编著. —2版. —北京：北京师范大学出版社，2019.8（2020.12重印）
（基于教育大数据的教师专业成长丛书）
ISBN 978-7-303-24086-9

Ⅰ.①教… Ⅱ.①杨…②冯… Ⅲ.①计算机辅助教学－中小学－师资培养－研究 Ⅳ.①G434

中国版本图书馆CIP数据核字(2018)第185686号

出版发行：北京师范大学出版社　www.bnupg.com
　　　　　北京市西城区新街口外大街12-3号
　　　　　邮政编码　100088

印　　刷：北京虎彩文化传播有限公司
经　　销：全国新华书店
开　　本：730 mm×980 mm　1/6
印　　张：12.5
字　　数：149千字
版　　次：2019年8月第1版
印　　次：2020年12月第2次印刷
定　　价：28.00元

策划编辑：栾学东　林　子　　责任编辑：林　子
美术编辑：焦　丽　　　　　　装帧设计：焦　丽
责任校对：段立超　陈　民　　责任印制：陈　涛

版权所有　侵权必究
反盗版、侵权举报电话：010-58800697
北京读者服务部电话：010-58808104
外埠邮购电话：010-58808083
本书如有印装质量问题，请与印制管理部联系调换。
印制管理部电话：010-58800825

内容介绍

本书在充分研究教师研修活动规律的基础上，突出了基于网络支撑平台的非正式教师网络研修活动特色和团队合作式的教师网络研修活动特色，阐述了教师网络研修活动设计的方法和技术、教师网络研修活动实施策略和方法以及教师网络研修活动管理方法与技术，并以具体而翔实的教师网络研修活动设计、活动实施和活动管理案例对上述方法和技术加以补充说明，促进读者对上述方法和技术的理解。

丛书总序

2012年北京师范大学出版社出版了由我任总主编的远程校本研修丛书，包括《课堂观察方法与技术》《教学反思方法与技术》和《教师网络研修活动设计方法与技术》三本著作。这三本著作以2009年以来由我任课题负责人所做的教师在线实践社区项目（简称"靠谱COP项目"）和由我任首席专家的"国培计划（2011）中小学骨干教师研修项目"中的高中数学集中培训与远程校本研修一体化试点项目（简称"一体化项目"）的研究实践及研究案例为基础，勾画出了以课堂教学行为大数据为基础的教师混合式研修的新方法与新技术，出版7年来，该套丛书受到了广大读者的高度好评和喜爱。

时光荏苒，岁月如梭，转瞬已经过去了7年。随着科学技术的迅猛发展，信息时代教育治理的新模式，以及"互联网＋"的人才培养模式正在成为研究的焦点，从应用切入深度融合的教育信息化2.0时代已经来临。在这7年中，我们以课堂为研究田野，我所领导的科研团队也通过在全国17个省、近300所学校，面向近1万名教师的深入课堂和深入学校的研究中，逐渐完善起基于课堂教学行为大数据的研究方法论，在原有远程校本研修丛书的基础上，进行了继承性创新，补充了大量的研究实例和研究数据，提出了更多的研究方法，形成了这套基于教育大数据的教师专业成长丛书，包括《基于课堂教学行为大数据的课堂观察方法与技术》《基于课堂教学行为大数据的教学反思方法与技术》《教师网络研修活动设计方法与技术》和《基于教育大数据的知识发现方法与技术》四本著作。

在这 7 年中，伴随我们在中小学开展的课堂教学行为大数据的深入研究，我们无时无刻不感受着古德和布罗菲所说的课堂之美：课堂是质朴的、守成的、思辨的、分析的、批判的、创新的、激昂的；课堂是思想生命的火花的碰撞与展现，是情不自禁从灵魂深处流露出的不断滋润精神之园的甘泉的发源地(Good & Brophy, 2017)。我们享受着研究带来的深层快乐，我们也深刻地感悟着课堂的复杂多变性：共时性、不可预料性、错综复杂性、非间接性和公开性，迎接着一个接一个研究难题的挑战。

虽然，大数据目前还没有一个全球公认的定义，作为这套丛书的总主编，我认为，大数据即海量的资料，指的是专业领域中所创造的大量非结构化和半结构化数据。大数据具有 4 个特点：大容量(Volume)、多样性(Variety)、高速度(Velocity)和多维价值(Value)(简称"4V")。正如大数据的定义一样，课堂教学行为大数据目前也不存在一个公认的定义。但是，我想可以借用我们对大数据的认识，对课堂教学行为大数据做一个定义，课堂教学行为大数据是指，在课堂情境中，伴随教与学过程而产生的大规模、多样性、蕴含了丰富的教与学含义的非结构化与半结构化的特殊数据集合。经过 19 年的课堂教学行为大数据的研究，我们发现，目前中小学课堂中的教学行为大数据共有 4 种类型：模式数据、关系数据、结构数据和行为数据。模式数据是指反映教学模式要素及要素之间关系的数据。关系数据是指反映课堂中行动者之间的相互关系结构的数据。结构数据是指反映为完成一定的教学目标，构成教学的诸因素在时间、空间方面所呈现的比较稳定的倾向及流程的数据。行为数据是指反映教与学行为主体特征的数据。

自从 2000 年我决定率领团队开始进行课堂教学行为大数据研究至今，已经过了整整 19 个年头。19 年来，我们在深入中小学课堂，与中小学教师组成密切研究共同体的过程中，越来越清晰地感受到，只有当教师具体的教学行为在课堂教学行为大数据中清晰可见且被条分缕析时，只有当教师拥有了对课堂行为的描述和表达能力并建立起概念系统时，教师才会增强其对课堂中所发生的所有事情的认识，也才真的会发生行动中反思和行动后反思。

课堂教学行为大数据是一种无形资产，是教师和学校专业发展的重要资源。2016年10月13日《光明日报》整版报道了我们的研究，并且在"编者按"中指出：大数据时代，来自课堂教学行为的大数据，不仅可以帮助我们清晰地认识不同教育发展水平的地区教师课堂教学行为的差异与特点，从而助力中等和薄弱地区的学校与教师通过改进课堂教学行为实现课堂教学质量的提高；同时，课堂教学行为大数据还可以促进优质教育区域更快地总结概括出课堂教学的优秀经验和优秀教师的实践性知识，从而实现教育优质资源在知识层面的共享与传播，助力教育均衡化发展。

正如《大数据时代》一书的作者所说，互联网世界的变化速度与日俱增，但万变之中有一点不曾变过，就是通过互联网，大数据将改变一切，可能超越我们所有人的想象。课堂教学行为大数据透视出的不仅仅是本套丛书中提到的各种现实问题，也为撬动教育供给侧的改革提供了思路。运用大数据分析方法与技术，寻找到教育教学中的真正短板，开发出面向广大中小学教师的专业发展公共服务，有效推进教师培训与研修的结构调整，矫正相关要素的配置扭曲，提高教师专业学习与培训研修的供给结构，有的放矢地实施供给侧改革是我们"靠谱COP"团队的责任与愿景。我们坚信，课堂教学行为大数据将在教师教育供给侧改革中扮演越来越重要的角色。

本套丛书由首都师范大学博士生导师、"靠谱COP"联盟首席专家王陆教授进行总体设计。同时，王陆教授与张敏霞副教授共同担任了《基于课堂教学行为大数据的课堂观察方法与技术》及《基于课堂教学行为大数据的教学反思方法与技术》两本书的作者，并负责《基于课堂教学行为大数据的教学反思方法与技术》一书的统稿工作；王陆教授与马如霞副教授一起担任了《基于教育大数据的知识发现方法与技术》一书的作者。张敏霞副教授负责《基于课堂教学行为大数据的课堂观察方法与技术》的统稿工作。首都师范大学杨卉教授与冯涛副教授担任了《教师网络研修活动设计方法与技术》一书的作者。首都师范大学的硕士研究生房彬、刘霜和罗一萍同学参与了《基于课堂教学行为大数据的课堂观察方法与技术》一书的编写工作；中央电化教育馆的张静然副研究员及首都师范大学的硕士研究生张薇、刘文彬、马晔和林子同学参与了《基于课堂教学行为大数据的教学反思方法与技术》一书的编写工作，其中张静然同志还参与了《基于课堂教学行为大数据的教学反思方法与技术》一书的统稿工作；首都师范大学的硕士研究生张莉、耿雪和李爽同学参与了《教师网络研修活动设计方法与技术》一书的编写工作，北京优学社教育咨询服务有限公司的数据分析工程师彭㓛老师、首都师范大学的张敏霞副教授、首都师范大学的博士研究生张薇及三位硕士研究生李瑶、李旭和任艺参与了《基于教育大数据的知识发现方法与技术》部分撰写工作。

感谢在首都师范大学现代教育技术重点实验室做国内访问学者、来自内蒙古农业大学外语学院的陈金凤副教授，陈金凤副教授参加了本次丛书再版的修订工作，为本书的再版工作付出了智慧和辛勤的劳动。感谢北京优学社教育咨询服务有限公司对本套丛书修订工作的支持。

感谢首都师范大学教育技术系董乐老师、司治国老师对本套丛书撰写所提供技术上的各种支持与精神上的热情鼓励，感谢北京优学社教育咨询服务有限公司的工程师王鹏，有你们的无私陪伴与幕后奉献，才使得我们这个团队能够不断向前。感谢参与"国培计划（2011）"中小学骨干教师研修项目中的高中数学集中培训与远程校本研修一体化试点项目的全体老师，感谢参与"靠谱COP"项目的全体老师，是你们的智慧贡献和全力投入才使得我们能拥有今天的成果与成绩，你们的课堂绩效改进和学生的进步一直是我们最大的心愿。也要衷心感谢参与"一体化项目"和"靠谱COP"项目的全体助学者同学们，是你们的创造性工作才使得我们这个共同体生机勃勃，不断焕发出年轻生命的动人活力。

本书之所以能够顺利完成，还应该感谢北京师范大学出版集团北京京师普教文化传媒有限公司栾学东董事长的亲自指导和大力帮助，以及对本套丛书作者的关怀与理解。本套丛书的责任编辑林子，作为曾经担任过3年"靠谱COP项目"的助学者，满怀热情地投入本套丛书的策划与实施工作中，认真、细致、严谨地完成了书稿的各项编辑工作，使得本套丛书能够顺利出版。

  本套丛书参考与引用了国内外大量的资料，其中的主要来源已在参考文献目录中列出，如有遗漏，恳请原谅。由于作者经验与学识所限，加上时间紧迫，书中谬误之处在所难免，欢迎读者指正。

王陆于北京

目 录

模块一 了解教师网络研修活动设计的相关理论 / 1

学习导入 / 1

专家讲座：教师的专业学习与专业发展 / 2

  什么是教师的专业学习与专业发展 / 2

观点辨析：教师专业学习与教师专业发展 / 4

专家讲座：学习活动设计的理论基础 / 6

  教师的知识建构模型 / 6

  教师的学习情境 / 11

  教师的学习活动系统 / 13

方法分析：教师研修活动的作用分析 / 17

模块二 教师网络研修活动设计方法与技术 / 19

学习导入 / 20

专家讲座：教师网络研修活动设计概述 / 20

  教师网络研修活动设计模型 / 21

  教师网络研修活动的系统设计方法 / 23

  教师网络研修活动设计的原则 / 27

专家讲座：教师网络研修预备阶段活动设计方法 / 28

  教师网络研修预备阶段活动的设计目标 / 28

教师网络研修预备阶段活动的设计流程 / 29

教师网络研修预备阶段的活动分类 / 31

活动设计：预备阶段活动设计练习 / 32

专家讲座：具体经验获取阶段活动设计方法 / 34

理解教师的具体经验 / 34

具体经验获取阶段活动设计目标 / 35

具体经验获取阶段的活动设计流程 / 36

具体经验获取阶段活动分类 / 38

具体经验获取阶段活动支持工具 / 40

活动设计：具体经验获取阶段活动设计练习 / 42

专家讲座：反思性观察阶段活动设计方法 / 44

理解教师的反思性观察 / 44

反思性观察阶段活动设计目标 / 47

反思性观察阶段的活动设计流程 / 48

反思性观察阶段活动分类 / 49

反思性观察阶段活动支持工具 / 51

活动设计：反思性观察阶段活动设计练习 / 55

专家讲座：抽象概括阶段活动设计方法 / 57

理解教师对具体经验的抽象概括过程 / 57

抽象概括阶段活动设计目标 / 58

抽象概括阶段活动设计流程 / 59

抽象概括阶段活动分类 / 60

抽象概括阶段活动支持工具 / 62

活动设计：抽象概括阶段活动设计练习 / 66

专家讲座：积极实践阶段活动设计方法 / 68

理解教师对实践性知识的积极实践 / 68

　　积极实践阶段活动设计目标 / 69

　　积极实践阶段的活动设计流程 / 70

　　积极实践阶段活动分类 / 72

　　积极实践阶段活动支持工具 / 73

　　研修计划决策工具——肯特模型 / 75

活动设计：积极实践阶段活动设计练习 / 76

模块三　教师网络研修活动的实施策略 / 79

学习导入 / 80

专家讲座：教师网络研修预备阶段活动的实施策略 / 80

案例剖析：案例3-1　充分的准备是成功的开始 / 82

　　案例背景 / 83

　　预备阶段活动记录 / 83

策略分析：预备阶段活动的关键实施策略分析 / 87

专家讲座：具体经验获取阶段的活动实施策略 / 88

案例剖析：案例3-2　具体经验获取让我插上了理想的翅膀 / 90

　　案例背景 / 90

　　具体经验获取阶段活动记录 / 91

策略分析：具体经验获取阶段活动的关键实施策略分析 / 94

专家讲座：反思性观察阶段的活动实施策略 / 95

案例剖析：案例3-3　反思性观察活动让我不断超越自己 / 98

　　案例背景 / 98

　　反思性观察阶段活动记录 / 98

策略分析：反思性观察阶段活动的关键实施策略分析 / 102

3

专家讲座：抽象概括阶段的活动实施策略 / 103

案例剖析：案例 3-4　具体经验抽象概括活动让我向研究型教师迈进 / 106

  案例背景 / 106

  抽象概括阶段活动记录 / 106

案例剖析：抽象概括阶段活动的关键实施策略分析 / 111

专家讲座：积极实践阶段的活动实施策略 / 112

案例剖析：案例 3-5　积极实践活动让我感受到收获的喜悦 / 114

  案例背景 / 114

  积极实践阶段活动记录 / 114

案例剖析：积极实践阶段活动的关键实施策略分析 / 119

模块四　教师网络研修活动管理的方法与技术 / 121

学习导入 / 121

专家讲座：教师网络研修活动管理的方法概述 / 122

  教师网络研修活动的进程管理 / 122

  教师网络研修活动的资源管理 / 125

  教师网络研修活动的质量管理 / 127

专家讲座：教师网络研修活动进程管理的方法与技术 / 128

  教师网络研修活动信息管理方法与技术 / 128

  教师网络研修活动进程监控方法与技术 / 133

  教师网络研修活动进程中的助学管理方法与技术 / 135

方法设计：教师网络研修活动进程管理方法设计 / 139

专家讲座：教师网络研修资源管理技术 / 140

  教师网络研修团队资源建设与管理概述 / 140

  教师网络研修资源的管理方法与技术 / 145

案例剖析：案例 4-1　同侪互助网络研修活动中的资源管理 / 150
　　案例背景 / 150
　　胡老师的同侪互助之旅上的资源管理方法与技术 / 152
专家讲座：教师网络研修活动的质量管理方法与技术 / 154
　　教师网络研修活动质量评估的主要方法 / 154
　　教师网络研修活动形成性评价的实施方法 / 157
　　教师网络研修活动的绩效评估实施方法 / 158
案例剖析：教师网络研修活动的绩效评估 / 164
　　案例背景 / 164
　　教师网络研修活动的绩效评估过程 / 165
　　案例分析 / 173

参考文献 / 175

模块一 了解教师网络研修活动设计的相关理论

建议时间：3 小时	
说明	
本模块以两个专家讲座及观点辨析和方法分析两个练习，介绍了教师知识建构模型、教师情境学习理论和教师活动系统以及与教师网络研修活动设计相关的基础理论	
核心概念	
教师专业发展　教师专业学习　教师知识　活动理论	
活动	**主要作品**
专家讲座	表 1-1　教师专业学习与教师专业发展辨析
观点辨析	
方法分析	表 1-3　教师专业学习活动的作用分析

◆ 学习导入

开展高质高效的教师网络研修活动，不仅是我国广大中小学教师的

1

期盼，也一直是教师教育部门和有关专家的心愿。随着我国开展教师网络研修活动的普及与深入，众多研究者和广大一线教师都对此问题进行了深入探讨与反思性实践。

本模块将结合我们近年来开展的多个教师网络研修项目的实际经验，在经验研究与深入反思的基础上，向您展示最新的有关教师网络研修活动设计的理论基础，试图为您掌握规范化、系统化、专业化、普及化和多样化的教师网络研修活动的设计方法与技术，奠定必要的理论基础。

◆ 专家讲座

教师的专业学习与专业发展

·什么是教师的专业学习与专业发展·

2010年，我国颁布的《国家中长期教育改革和发展规划纲要（2010—2020年）》将加强教师队伍建设作为教育发展改革的重要保障措施，提出了建设高素质专业化教师队伍的战略任务。这意味着我国已经将教师专业发展提升到一个空前重要的新高度。

教师专业发展是指教师作为专业人员，在专业思想、专业知识、专业能力等方面不断发展和完善的过程，即从专业新手到专家型教师的发展过程（杨翠蓉，2009）。

从情境的角度看，教师的专业学习"被充分理解为增加教师参与教学实践的过程及将教师变成对教学和关于教学知识渊博的人的过程"(Adler，2000)。情境理论专家将学习概念转变为参与社会性的有组织的活动，且个体知识的应用作为参与社会实践的一个方面(Greeno，2003；Lave & Wenger，1991)。一些学者如柯伯等(Cobb et al.，1994)认为："学习应该被视为一个积极的个体建构知识的过程和将某种文化同化为广泛的社会实践的过程。"他们认为，学习既有个体性的特点又有社会性的特点，并且将学习过程描述为对某种文化的适应与创建。情境学习理论还认为，知识与情境之间是一种动态的相互作用的过程。人类学视野中的情境学习的本质是一种情境性的活动，更是一种社会性的实践，并在此基础上提出了学习的新概念，即学习是实践共同体中合法的边缘性参与(Lave & Wenger，1991)。

从教师的专业学习特点来看，王陆教授(2012)指出，教师的专业学习与学生的学习非常不同，它不仅仅指教师回到学校的教室中进行的学习；对教师而言，其专业学习发生在许多不同的实践方面，例如，在他们上课的教室中、在学校的社团中，以及在他们参与的各种专业发展课程或研讨会中等。教师的专业学习既包括正式学习形式，也包括非正式学习形式。教师专业学习的分类，如图1-1所示。要理解教师的专业学习，我们必须多情境地研究它，既要考虑教师的个体活动，又要考虑他们参与的社会活动。

图1-1表明，教师的正式学习与非正式学习都有计划性学习与偶然性学习两种类型。例如，教师选择大学提供的短期课程进行专业学习就是典型的计划性的正式学习；而教师在学校走廊里与同事的一段简短对话的学习则是典型的偶然性的非正式学习。无论是正式学习还是非正式学习，只要是计划性学习，就要事先制定学习规划，设计学习活动。本书的核心内容是针对计划性学习阐述如何进行教师网络研修活动设计的

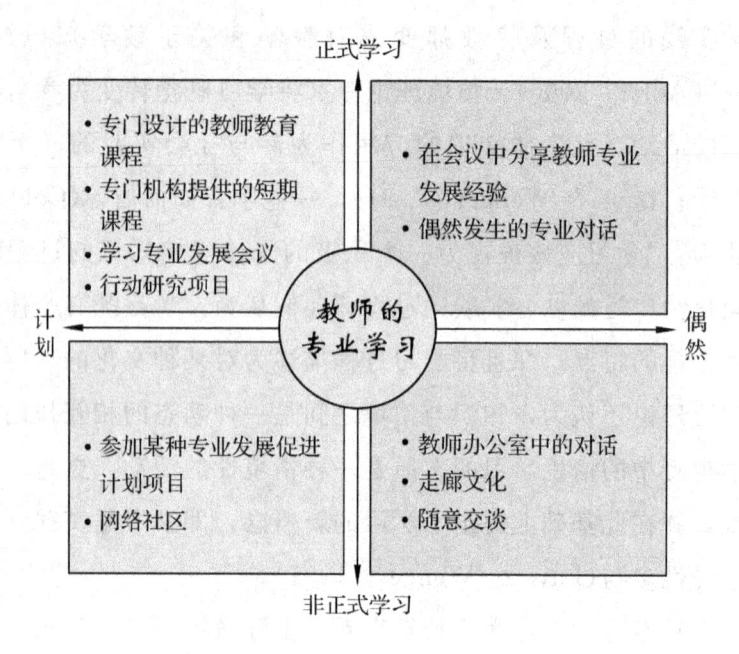

```
                    正式学习
    ┌─────────────────┬─────────────────┐
    │ • 专门设计的教师教育 │ • 在会议中分享教师专业 │
    │   课程            │   发展经验          │
    │ • 专门机构提供的短期 │ • 偶然发生的专业对话  │
    │   课程            │                  │
    │ • 学习专业发展会议  │                  │
    │ • 行动研究项目     │      教师的        │
计  ├─────────────────┤     专业学习      ├─── 偶
划  │ • 参加某种专业发展促进│ • 教师办公室中的对话 │    然
    │   计划项目         │ • 走廊文化         │
    │ • 网络社区         │ • 随意交谈         │
    └─────────────────┴─────────────────┘
                    非正式学习
```

图 1-1　教师的专业学习分类(王陆，2012)

方法与技术。

◆ 观点辨析

教师专业学习与教师专业发展

请您在学习了"教师的专业学习与专业发展"后，根据所学的内容，按照自己的理解，就教师专业学习与教师专业发展的观点进行辨析，并将结果填入表 1-1 中。

表1-1 教师专业学习与教师专业发展辨析

观点列表	观点陈述	所做的选择
（教师专业学习 教师专业发展，两个独立的圆）	教师专业学习与教师专业发展是一个大系统中的两个独立子系统	□同意 □反对
（教师专业发展在教师专业学习内部）	教师专业学习包含教师专业发展	□同意 □反对
（教师专业学习在教师专业发展内部）	教师专业发展包含教师专业学习	□同意 □反对
（教师专业学习与教师专业发展两圆相交）	教师专业学习与教师专业发展既有相同的部分，又有各自独立的特点	□同意 □反对
（教师专业学习←促进→教师专业发展）	教师专业学习与教师专业发展在一个大系统中是相互促进的关系	□同意 □反对

> **专家讲座**

学习活动设计的理论基础

学习既有个体性特点又有社会性特点。从目标的角度可以将学习活动定义为：学习者以及与之相关的学习群体，包括学习伙伴和教师等为了完成特定的学习目标而进行的操作总和(Beetham et al., 2007)。从与环境作用关系的角度可以将学习活动定义为：学习者之间以及学习者与外部环境相互作用以完成相应任务，并达到预期成果的操作总和，其中，学习环境包括内容资源、工具和手段、计算机系统与服务，以及现实世界事件和对象等(Beetham, 2004)。从社会实践角度可以将学习活动定义为：学习者通过不同的途径将体验过程转换为知识、技能与态度的操作总和，例如，课堂体验、工作体验、交流体验等都可以视为不同的学习活动，因此，学习活动是人类的一种特殊的社会实践活动(Galbaraith, 1995)。教师的研修活动是一种教师的专业学习活动。

·教师的知识建构模型·

教师知识是指教师所知道的与教学有关的认识，是一种广义知识观意义下的知识(韩继伟，2008)。对教师知识的任何描述都应该包括学科的理论知识和实践性知识，这些知识既会对教师的教学产生影响，也会受到教师教学行为的影响(Wilson et al., 1987)。因此，教师的知识由内容性知识与实践性知识两部分组成。其中，内容性知识又包括学科知识（subject matter knowledge）与学科教学知识（pedagogical content knowledge）；实践性知识是一种能够指导教师教学实践的认知，包括信念、价值观、动机、程序性知识和陈述性知识等。有研究表明，教师有效的实践性知识应该能够被教师用于调节和管理课堂活动（Khalil，2009）。陈向明教授（2003）指出，教师的实践性知识包括：教育信念、自我知识、人际知识、情境知识、策略知识和批判反思性知识。

教师的实践性知识是个体性知识，是一种存在于教师个体、充满个性化的知识，是有关"如何教"和"怎么教"问题的知识。教师的实践性知识具有突出的情境性，例如，"在这种特定情况下我应该做什么"。教师的实践性知识是案例性知识，其专业经验是教师积累这类知识的一个重要来源，而教师培训项目以及已有的教学和学习理论，也可能合并到教师的经验学习中，作为教师案例性知识的背景。教师的实践性知识源于实践，并且在实践中指向实践，换句话说，教师的实践性知识是建立在元认知上的认识（Hofer，2004），或是一种相互认知（Toom，2006），是一种"行动中的反思"及"对行动的反思"的认识。

教师的实践性知识是一种知识建构（knowledge building）的过程（王陆，2012）。知识建构与学习不同，它是通过创建公共目标、小组讨论、综合想法，以及创建新的认知人造物的过程来得以实现的（Bereiter & Scardamalia，2003）。知识建构中"建构"二字的含义意味着知识建构存在一个建构的过程。卡尔·波普尔（Karl Popper）于1979年提出的科学知识增长分析模型理论已经被用于描述教师实践性知识建构的模型（王陆，2012）。

波普尔的科学知识增长分析模型可以用下面公式来表述（Chitpin & Evers，2005）：

$$P1 \Rightarrow TT \Rightarrow EE \Rightarrow P2$$

其中，P1代表识别问题，即，教师利用其已有的对教育情况和先前知晓的理论来选择他们在日常实践中需要解决的问题。TT是用于处理被识别出问题的一个实验方案或试探性理论。EE是排除错误的过程，这来自于波普尔的证伪主义。波普尔认为，所有的知识都是可证伪的和需要被修订的；当用于解决问题时，教师的试探性理论可能会对错参半，因为教师的试探性理论并不总是同实践的背景相联系，实践提供了可以检验试探性理论问题解决能力的环境，因而排除错误的主要特征是测试或批判并修订试探性理论，使其能够生存或者解决问题。P2是确定一个新的问题，即由被修订的试探性理论派生出来的，这也是"波普尔循环"的再次开始。

例如，P老师是教师实践社区COP(Communities of Practice)中的一名成熟型教师，她有25年的教龄，任教学科为小学科学。P老师信奉"做中学"的教育理念，她认为科学课一定要让学生学会动手，学会解决问题。在COP网络支撑平台中，在观看了其他地区教师开展小组合作学习的课堂教学录像后，她决定改变自己的教学方式，在科学课中实践小组合作学习的方式，然而，她发现小组合作学习的效率非常低。表1-2记录了P老师在COP远程合作学习圈及COP同侪互助组中学习如何构建高质高效合作学习实践性知识的四个波普尔循环。

表1-2　P老师关于高质高效合作学习实践性知识建构的连续波普尔循环(王陆，2012)

波普尔循环1	波普尔循环2	波普尔循环3	波普尔循环4	波普尔循环5
P1：如何让学生更多、更主动地参与课程	P2：如何提高小组合作学习的效率	P3：如何让小组的每个成员都积极地投入到合作学习中	P4：如何创建、管理和消解合作学习中的认知冲突	P5：如何防止小组合作学习中的"马太效应"，即如何防止强者恒强、弱者恒弱的现象
TT1：通过观摩课了解并掌握小组合作学习的教学方式。在自己的课堂中实行四人组制的合作学习方式	TT2：通过COP的远程学习圈学习合作学习原理，了解到小组的结构设计，于是实现了组内异质、组间同质的小组结构，改善了小组结构设计	TT3：通过COP的远程学习圈和同侪互助小组了解到小组内的分工是很重要的，于是开始设计小组内的角色：组长、材料员、记录员/观察员和陈述人	TT4：通过COP的面授培训及同侪互助小组教师们的深入讨论，了解到认知冲突的预设办法、管理办法和消解办法	

续表

波普尔循环 1	波普尔循环 2	波普尔循环 3	波普尔循环 4	波普尔循环 5
EE1：课后反思发现合作学习虽然提高了学生的参与度，但课堂教学效率却大大降低了	EE2：课后反思、学生的反馈及助学者对课堂观察后的反馈都显示出异质分组后许多成绩好的学生在小组中"独揽大权"，而学困生在小组中无事可做，甚至哪个小组都不愿意要学困生	EE3：课后反思及助学者对课堂的观察反馈显示，在小组学习中一旦遇到认知冲突，学生便无法消解认知冲突，大部分情况会采用"屈从"于组长或成绩优秀学生的意见	EE4：从观摩COP的面授培训及一名语文教师的研究课中寻找到"走动分组"的合作学习方法，即在一次小组任务结束后，可以根据学生完成任务的情况或所持观点再次"动态"分组，开展课堂中基于认知冲突消解的更深入的对话与合作	

表 1-2 的波普尔循环反映出 P 老师在获得有关高质高效合作学习的实践性知识上所取得的进步。在这一知识逐渐建构起来的过程中，EE 环节是非常重要的，这是一个反馈环节，P 老师进入每个波普尔循环都依赖于上一循环中的反馈信息。此外，表 1-2 还反映出 P 老师的知识建构过程包含了其行动研究的周期，以及行为调节与组织学习的单双回路模型(Argyris，1982)，和通过错误信号反向传播的学习网络模型(Evers，2000)等试误学习的特征。

表 1-2 所呈现的具体的教师知识建构模型告诉我们，在设计教师的研修活动时应该采用问题解决策略和行动研究范式，从教师日常教学实践所存在的真实问题入手，以教师的初始经验为切入点设计行动研究的路线，在"实践—检验—反馈—形成新的实践方案"的周期中进行实践性

知识的建构，最终获得教师专业发展。

·教师的学习情境·

布朗等(Brown et al.，1989)认为，知识与活动是不可分离的，活动不是学习与认知的辅助手段，它是学习整体中的一个有机组成部分。可以说，学习者在情境中通过活动获得了知识，学习与认知本质上都是情境性的(张振新和吴庆麟，2005)。

情境学习理论认为，知识与情境之间是一种动态的相互作用的过程。这一观点与传统知识观把知识看成可打包的(package-able)、抽象的、简化的和去情境化的概念是截然不同的(Brown et al.，1989；张振新和吴庆麟，2005)。情境学习理论关于学习的隐喻是：学习是社会协商，学习的实质体现为从边缘性参与实践共同体逐步过渡到核心参与实践共同体的这一过程(王陆，2012)。

哈贝马斯等(Habermas et al.)在"情境理性"(situated rationality)知识哲学观基础上提出了情境理论的知识观。他们认为，知识具有情境性，知识是情境的组成部分，知识具有个体与情境联系的属性，它产生于真实情境中，并用于知识的活动之中；知识具有动态性，知识就其特质而论，并非仅仅是抽象、静态的东西，更是一种基于社会情境、具有鲜活而充满动感的事实；知识具有互动性，知识是在个体与情境发生关联的动态中建构的，也是在个体与情境相互影响、相互制约、相互作用的过程中形成与发展起来的；知识具有工具性，知识如同工具，需要通过运用才能更好地加以理解、运用和传承；知识具有分散性，知识不是集中于某一专家或教师的头脑里，而是分散在人们大脑中及分布于个体生命的不同阶段；知识具有共享性，分散在学习者个体身上的知识可以在学习者之间相互沟通、相互交流，实现彼此的知识共享，知识也即由个体知识转化为组织内的公共知识(Habermas，2001；应方淦和高志敏，2007)。

为此，按照情境学习理论，在设计教师的专业学习活动时应该至少考虑以下三个方面。

第一，教师的研修活动必须基于教师最熟悉的专业情境。

教师在熟悉的专业情境中所获得的基于情境的专业知识，才能够丰富教师的认知结构，生成真正的经验。而课堂是教师学习的强大的情境(Putnam & Borko，2000)，教师的专业学习活动不能脱离课堂这一具体的情境。反观当前的一些教师培训活动，让大量简化的、省略过程的、脱离学校和课堂情境的结果性知识直接涌向教师(王中男和崔允漷，2011)，违背了知识镶嵌于情境之中的情境学习的基本原理。

第二，教师的研修活动必须能够促进教师在真实的情境中运用所获得的知识。

当教师获得了基于课堂情境的某种专业知识，即获得了某种实践性知识后，必须通过进一步的专业学习活动促进其在真实的专业情境中迁移和重组这些实践性知识，并在专业情境中完成对实践性知识的传承与转化，实现实践性知识的知识建构。反观当前的教师培训活动设计，大部分研修活动都忽略了对教师持续专业实践改进的引领与支持。

第三，教师的研修活动必须促使其成为教师实践共同体中的一员。

从情境的角度看，学习的实质是习得文化。教师专业发展不能简单地等同于传授给教师一些专业知识，也不是基于简单的学校物理情境而组织一个形式上的教师合作团队，教师专业发展基于学校情境的精髓之处在于，依靠"实践共同体"，让教师成为一个"文化之人"(王中男和崔允漷，2011)。教师实践共同体是一种通过聚焦教师的专业学习、同侪合作与反思性对话等特征，为教师专业化发展提供社会的和规范的支持的学习型组织(王陆，2011)。一个充满活力的教师实践共同体一定会包含有价值的、活泼的讨论活动和拥有积极的、持续的、热情的对话活动，以及核心组成员与合法的边缘性参与的成员等(Chalmers & Keown，2006；Glazer et al.，2005)。一些研究发现，在教师实践共同体中的持续参与是有效的和持续的专业化发展不可或缺的重要因素(Schlager & Fusco，2003)。

·教师的学习活动系统·

活动理论是一个研究不同形式的人类活动的哲学和跨学科的理论框架。活动理论主张活动和意识是最主要的学习机制，因为有意识的学习和活动是相互作用、相互依赖的(Jonassen，2002)。一个活动系统就是任何持续的、目标明确的、符合历史依据的、辩证结构的、工具中介的人际交流系统(Russell，1997)。活动系统包含了互相作用的成分，即主体、工具、客体、分工、共同体(也可翻译为社区)和规则，活动系统把它们组织起来形成了分配系统、交换系统、消耗系统和生产系统四个子系统(Engeström，1999；Jonassen，2002)，如图1-2所示。

巴拉布和达菲(Barab & Duffy，2000)指出，教师专业学习活动设计应该重点放在为教师的专业学习创造适合的"活动"体验与"经验"积累上，所有的教师专业学习活动必须是真实的，且必须能呈现教师作为学习者在"真实的世界"中会遇到的大部分的认知需求；同时需要兼顾学习的个体属性与社会属性，从个人层面和团队层面设计不同的专业发展活动，促进教师个人与所在团队的知识建构与教学实践改进(Borko，2004)。

教师研修活动需要建立在分配系统、交换系统、消耗系统和生产系

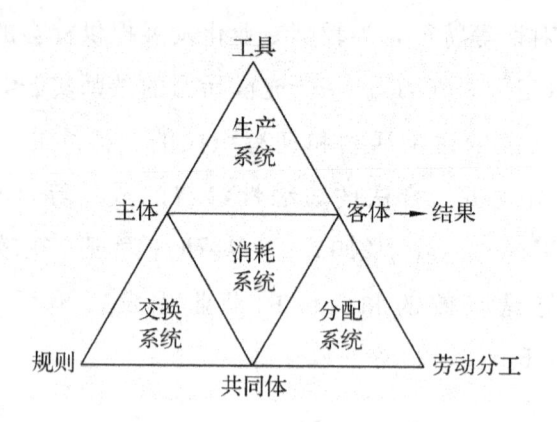

图 1-2　活动系统

统四个子系统的基础上，其研修活动也就具有相应的四种类型：基于分配的活动、基于交换的活动、基于消耗的活动和基于生产的活动（王陆，2011）。

　　分配系统是由活动系统中的客体、劳动分工与共同体三要素相互作用而构成的，其核心是整个活动系统中的劳动分工。在教师的网络研修中，基于分配的活动主要以劳动分工为核心，劳动分工可能自然发生，也可能需要助学者作为"外力"因素进行必要的干预。无论哪种分工方法，所有劳动分工都是按照教师的实践性经验的丰富程度进行划分的。因此，教师网络研修平台中的教师档案袋、社区成员的个人空间及个人资料的检索与查询功能等，常常作为分配系统中最常用的几种支持技术，用于让教师了解其他成员的实践性知识水平及自己的实践性知识水平所处的相对位置，以便形成自然分工或干预下的分工。

　　交换系统是由主体、规则与共同体三要素相互作用而构成的，其核心是主体间的知识交流与交换的规定、规范等。交换系统的正常运转是延长教师网络研修活动生命周期的关键。在教师网络研修中，教师既可以交换物化形态的资源，如课堂录像、教案、课件等，也可以交换智能形态的资源，如教育信念、教学设计思想及知识观点等。教师网络研修中的交换系统以实时与非实时的通信交流技术为基础。其中，异步讨论与同步讨论等活动是最为常见的。灵活多样的主题讨论区、虚拟电子白板、小组空间、下载与上传资料区等交换系统中的工具，不仅能够支持教师个体之间的交换与交流活动，还能够支持不同粒度的教师群组之间的交换与交流活动。

消耗系统是由主体、客体和共同体三要素相互作用而构成的，其核心是主体与共同体作用于客体并促进客体向结果进行转化，在这一转化的过程中，主体与共同体会"消费"学习资源，产生物质流动与能量交换。在教师网络研修活动系统中，消耗系统与生产系统是相辅相成的，系统要产出就要有消耗。因此，消耗系统中的所有支持技术都是支持教师顺利、便利、有意义的消耗或消费的。典型的基于消耗的研修活动就是教师在网络研修中的投入性学习，例如，教师上传自己的教学录像后，邀请其他教师在线观摩课堂录像，并对这一课堂录像进行定性或定量的分析等，就是典型的消耗与消费行为。消耗系统的支持技术包括物化形态的技术，如传输技术、信号压缩技术等；以及智能形态的技术，如组织技术、管理技术等。

生产系统是最基本的子系统，也是最重要的一个子系统。生产系统是由主体、客体及工具三要素相互作用而构成的，其核心是实现活动系统的目标。生产系统中的客体会随活动系统的目标不同而不同。生产系统中的支持技术是以其所拥有的技术工具集为基础的，工具集是支持主体生产客体的专业工具，如为了支持教师发展其实践性知识，教师网络研修平台上就需要拥有将隐性知识显性化的工具，例如针对教师课程录像的视频案例分析工具等，这些不同功能的特殊工具形成了生产系统中的核心支持技术，如分析技术、诊断技术和干预技术等。基于生产的活动就是教师的知识建构活动,进一步可以分为知识的社会化活动、知识的内化活动、知识的组合化活动及知识的外化活动等(Nonaka & Takeuchi,1995)。

需要注意的是,分配系统、交换系统、消耗系统和生产系统四个子系统并不是独立存在于教师网络研修活动系统中的,它们是相互依存、相互影响和相互作用的,只有它们能够协同工作才能使活动系统正常运转并有高效能的产出(王陆,2011)。因此,教师网络研修活动设计往往需要考虑四个系统的协调性与复杂性,如图1-3所示。

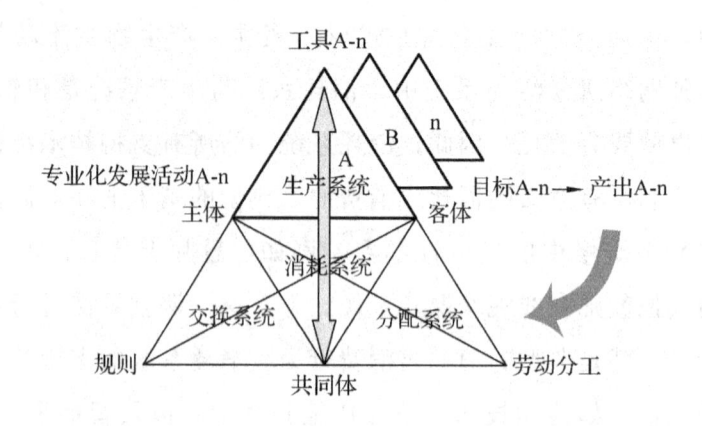

图1-3 专业发展活动与实践社区资源之间的互惠关系(Schlager & Fusco,2003)

图1-3中的弯曲箭头表明,教师网络研修将会以三种形式将个人专业发展所获得的知识与技能再次返回到教师的学习型组织中:①当教师与其他教师一起参与新活动时,小组成员的新思想、新技能和所获得的专业发展会回馈到组织中;②教师网络研修创造出的新产品,如评估标准和课例分析报告等,将会成为组织知识基础的一个组成部分;③教师所运用的各种平台上的研修工具,如视频案例分析工具、档案袋工具、知识建模工具及仿真工具等,以及教师运用这些工具所产生的新知识,将会为组织的进一步专业对话和讨论等活动创造新的机会(Hoadley & Pea,2002)。图1-3

中的垂直双向箭头表明，教师网络研修不仅运用网络研修平台上本身拥有的工具，而且还介绍新的工具给组织，以支持教师网络研修中的资源流通与再生。

➡ 方法分析

教师研修活动的作用分析

根据上述专家讲座以及您自己所经历的教师培训项目，请您在表1-3中填写出您最喜欢的五个教师专业学习活动。

表 1-3 教师专业学习活动的作用分析

您最喜欢的教师专业活动	原因阐述	该活动的作用分析
1.		
2.		
3.		
4.		
5.		

模块二 教师网络研修活动设计方法与技术

建议时间：8 小时

说明

　　本模块通过六个专家讲座，介绍了活动预备阶段以及教师经验学习圈中四个阶段的教师网络研修活动设计理论、方法和技术，且在每个阶段讲座之后为您设计了活动设计练习，以帮助您巩固和理解本模块的学习内容

核心概念

　　教师网络研修活动　　经验学习圈　　活动设计方法与技术

活动	主要作品	
专家讲座 活动设计练习	表 2-3	预备阶段活动设计表
	表 2-7	具体经验获取阶段活动设计表
	表 2-12	反思性观察阶段活动设计表
	表 2-17	抽象概括阶段活动设计表
	表 2-21	积极实践阶段活动设计表

➡ 学习导入

教师网络研修活动是一种成人非学历性质的远程学习活动，它以一线教师为活动主体，在助学者的指导下，以发展教师实践性知识、改进教师教学行为为主要目的的……对于非正式教师网络研修活动，要使之能够达到预期的目标，需要事先对教师网络研修活动进行设计，通过干预，确保教师网络研修活动的有效开展。本模块将以经验学习圈理论为指导，以教师经验学习圈的四个阶段，即具体经验获取、反思性观察、抽象概括和积极实践为主要线索，建立教师网络研修活动设计模型，阐述教师经验学习圈的四个阶段以及活动预备阶段的教师网络研修活动设计的理论、方法与技术，并通过活动设计练习，使您更好地理解和掌握各个阶段教师网络研修活动的设计方法与技术。

➡ 专家讲座

教师网络研修活动设计概述

教师网络研修活动是一种成人非学历性质的远程学习活动。教师网络研修是网络环境支持下的，以一线教师为活动主体，助学者（包括专家、研究者和管理者）指导下的，以发展教师实践性知识、改进教师教学行为为主要目的的非学历在职教育活动。教师网络研修活动具有非正式、不受时空限制、开放性、形式多元化和以网络交流互动为基础等特点。

教师网络研修活动设计就是一种教师在线学习干预，其意义在于通过活动设计确保教师网络研修团队能够顺利完成教师网络研修活动的任务，促进教师在共同参与网络研修活动中共同获得实践性知识的发展和教学行为的改进。

·教师网络研修活动设计模型·

教师知识来源于个体经验，并通过对经验的反思得到发展，教师网络研修活动应遵循经验学习圈理论和模型。

库伯（Kolb）的经验学习圈模型的基本思想是：经验学习是以学习者的具体工作情境为切入点，学习者经过经验积累、经验反思和经验总结实现经验创新与发展，最终指导学习者实践。经验学习圈理论将经验学习看作一个由具体经验获取、反思性观察、抽象概括和积极实践四个阶段组成的循环学习过程。

王陆教授基于库伯的经验学习圈模型和日本学者野中郁次郎及竹内弘高提出的学习型组织知识转换 SECI 模型，提出了教师网络研修活动设计三层模型，如图 2-1 所示。

图 2-1 表明，教师网络研修活动设计模型的第一层，即最外层，为问题解决策略层，包括发现问题、分析问题、处理问题和解决问题四个子策略集合；最内层为经验学习圈，包括教师网络研修的四个典型阶段：具体经验获取、反思性观察、抽象概括和积极实践；中间层为典型的教师研修活动层，包括四种典型的研修活动：课堂实践与观察、案例分析与教学反思、同侪互助与专家引领、同课异构与做中学。

这一模型体现了教师网络研修团队以课堂实践中的问题为引领开展

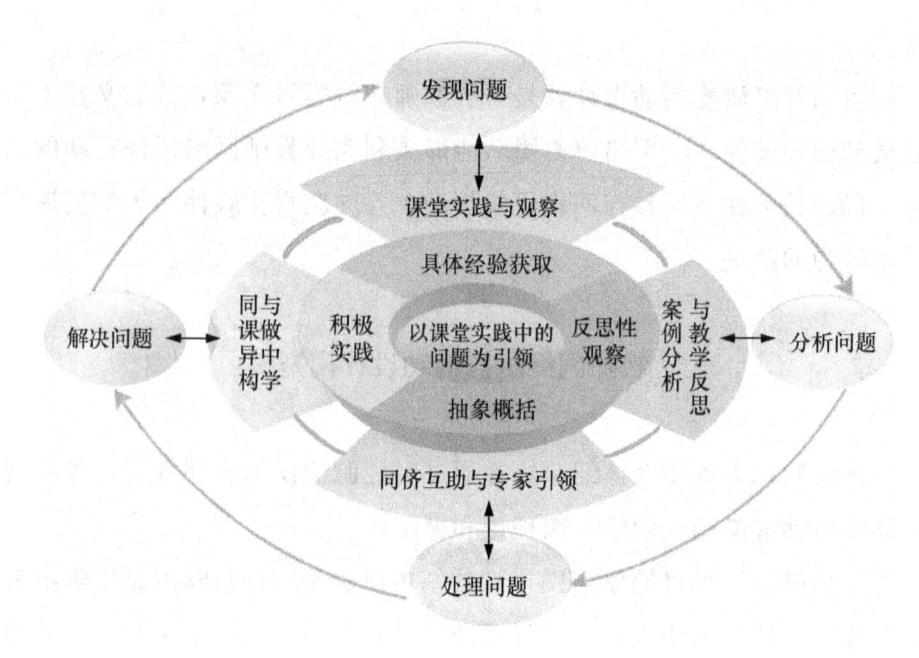

图 2-1 教师网络研修活动设计三层模型(王陆，2011)

网络研修活动。教师网络研修要循环往复地完成具体经验获取、反思性观察、抽象概括和积极实践四个阶段目标和总体目标，每个研修阶段需要通过开展多种形式的教师网络研修活动完成发现课堂教学问题、分析课堂教学问题、处理课堂教学问题和解决课堂教学问题的任务。例如，具体经验获取阶段的典型活动有课堂实践与观察活动，以捕获课堂中的教学问题。反思性观察阶段的典型活动有案例分析与教学反思活动，通过对课堂的分析与反思，理性地思考和分析课堂教学问题。抽象概括阶段的典型活动有同侪互助与专家引领活动，使教师在专家引领下对团队获得的解决问题的经验碎片进行抽象概括，从而提升经验的普适性，发现经验的规律性。积极实践阶段的典型活动有同课异构与做中学等活动，通过教师将实践性知识运用于新的课堂教学实践，能够更有效地解决课堂中的问题。

·教师网络研修活动的系统设计方法·

1. 教师网络研修活动系统的核心要素设计

（1）组织方式

教师网络研修活动的组织方式主要有两种：一种是小规模研修活动，由 15 人或 15 人以下人员参与的活动，这种组织方式在教师网络研修活动中占大多数；另一种是大型研修活动，参与人员有几十人，甚至成百上千人。

（2）角色分工

教师网络研修活动主要以合作活动为主，角色分工是合作学习活动的基础，因此，根据研修任务清晰划分每位合作教师的角色和职责，是教师网络研修活动设计的一个重要环节。角色分工合理的教师网络研修活动会促进教师在活动中的责任感、归属感和参与度，促进教师之间建立紧密的合作关系。

（3）活动方式

活动方式是指教师网络研修活动的策略和流程，一个活动可以由若干个子活动构成，这些子活动不仅仅是线性排列的，也可能存在串行、并行、条件分支、循环等多种编列情况，教师研修活动甚至可以是嵌套或迭代的，即一个活动中包含一个或若干个活动，甚至包含自身，给活动设计带来灵活性，如表 2-1 所示。

表 2-1　教师网络研修活动基本编列形式

编列名称	描　述	流程图	举　例
顺序型	当两个或更多的研修活动任务之间存在依赖关系时，子活动有序地进行，即前一个活动完成之后，后一个活动开始	活动一 → 活动二 → 活动三	案例观摩后，进行案例研讨，之后进行具体经验分享
同步型	当两个并行活动任务都完成后，下一个活动才能开始执行	活动一、活动二 → 均完成 → 活动三	分组研讨均完成后进行组间交流与评价活动
分支型	当条件满足则进入下一个活动，否则进入另一个活动	活动一 → 条件，满足→活动二，不满足→活动三	共同体成员进行自我介绍活动，当80%的成员之间有过互动则进入同侪互助活动，否则进入好友结交活动
循环型	当条件满足则进入下一个活动，否则重复执行此活动	活动一 → 条件，满足→活动二，不满足→返回活动一	对系列主题进行研讨，每个主题研讨活动结束后，进入下一个主题研讨，活动不变，直到所有的主题研讨完成

(4)活动规则

活动规则是指教师在进行教师网络研修活动中共同遵守的行为规范，如规定、约束条件和程序等。活动规则不仅是有效完成教师网络研修活动的保证，而且活动规则的制定还对教师网络研修文化具有引导和促进作用，例如，定期奖励积极分享教学经验的研修教师，会促进研修教师逐渐形成知识共享价值观。

(5)评估方法

活动评估应依据教师网络研修活动的目标，即通过教师共同参与的网络研修活动，共享和发展团队的教师实践性知识，改进教师的教学实践行为，进而提出相应评估方法。

2. 教师网络研修活动系统的环境支持要素设计

教师网络研修活动开展首先需要物质支持，物质支持要素主要来源于网络技术支持环境。网络技术支持环境不仅提供了网络研修活动的虚拟空间，而且提供了三类研修支持工具：认知工具、交流工具和情境创设工具。除此之外，教师网络研修活动还需要三个支持要素的间接作用，即社会文化环境要素、研修资源要素和在线助学要素。由于网络技术支持环境随着网络研修支撑平台的开发结束就基本不会改动了，为此，我们重点对网络技术支持环境之外的三个要素的设计进行介绍。

(1)教师网络研修团队文化

社会文化环境往往在教师网络研修活动设计时被忽略，实际上，一个教师网络研修团队的团队文化对活动实施效果具有极大的影响。德隆等(DeLong et al.,2000)指出,文化可以通过"价值观"(values)、"规范"(nonns)与"惯例"(paretiees)影响个人的行为,进而影响知识的创造、分享与运用。教师文化是教师群体内形成的独特的价值观、共同的思想和信念、职业精神和行为准则、规范等(赵昌木,2004)。哈里夫斯(Hargreaves,1994)认为,教师文化可以从内容和形式两个方面进行研究。教师文化在内容上包括教师群体共享的态度、价值、信念、习惯、假设以及行为方式等,教师文化的形式主要指特定教师群体中教师之间的人际关系模式和状况。合作文化并不一定是自然演进的产物(冯生尧等,2002)。实际上,一个教师研修团队的教师文化往往需要通过精心的教师网络研修活动设计、奖励机制等外界干预来促进其培育、发展。因此,教师网络研修活动设计一方面要根据研修团队的文化特点进行相应的设计;另一方面在活动设计时要注意使教师在共同参与网络研修活动的过程中培育团队文化。

(2)研修资源

在教师网络研修活动中,教师既是研修资源的消费者,也是研修资源的生产者。因此,教师网络研修活动资源的提供来源有:助学者提供的文献、研修工具等活动支持性资源;此外,还有研修活动开展过程中不断产生的生成性资源,例如,课堂分析报告是课堂教学案例分析活动的产物等。

(3)在线助学服务

在线助学服务对教师网络研修活动给予学术性支持、认知支持和情感支持。教师网络研修活动开展过程中可以得到两类助学服务:一类是远程助学者团队,包括专家助学者、专职助学者提供的人工服务;另一类是通过人工智能、数据库技术、工作流技术等支持的自动助学服务,如FAQ问题解答、活动流监控系统等。

·教师网络研修活动设计的原则·

珊迪(Sandy，2004)指出，在线学习活动设计的核心思想是在 E-learning 环境下提高学习活动的有效性和多样性：第一，当学习者积极参与学习活动的时候会取得更好的学习效果；第二，可以对学习活动进行排序或结构化，形成学习活动序列，以促进更有效的学习；第三，通过"学习活动设计"的保存可以使学习活动设计在将来得到共享和重用。

为了使教师网络研修活动能够有效地促进教师实践性知识的发展和教师教学行为的改进，教师网络研修活动设计需要遵循以下基本原则。

1. 以真实课堂教学问题为导向

巴拉布和达菲(Barab & Duffy，2000)指出，教师专业学习活动设计应该将重点放在为教师的专业学习创造适合的活动"体验"与"经验"积累上，所有的教师专业学习活动必须是真实的，即必须能呈现教师在"真实的世界"中会遇到的大部分的认知需求。

2. 突出非正式学习方式特征

教师实践性知识的默会性，使得正式的讲授式培训方式难以达到传播和共享实践性知识的目的。教师的非正式学习适合于教师教学经验的交流，将个人隐性的实践性知识转化为可以表达、理解的显性知识，实现个人实践性知识的社会化。马藤(Marten，2009)认为，教师彼此之间的学习要比专家所传授的多。因此，参与研修的教师与同伴应致力于合作建构教与学知识的有意义的合作活动(Shulman & Shulman，2004)。

3. 重视教师的反思活动

美国著名的教育心理学家波斯纳（Posner）提出了教师的成长公式：成长＝经验＋反思，将反思作为联系教师先前的教学经验与今后的教学行为改进之间的桥梁。因此，教师应作为反思性实践者（Gould，2004），教师网络研修活动设计应基于多种教师反思方法，设计多种形式的个体及群体反思活动。

4. 开展真实性评估

所谓真实性评估是指结合知识、技巧与态度等因素，对学习者在真实的专业生活情境中的能力运用情况进行评估的一种评估方式（Gulikers et al.，2004）。真实性评估是一种面向能力的形成性评估，是一种促进反思力的评估，它倡导评估，即学习的评估理念（王陆和杨卉，2010）。

真实性评估能够诊断与回应教师研修过程中的直接学习需求，能够识别出成功的教学设计实践，能够支持参加研修的教师针对所设计的实际问题，运用新的解决问题的模型，完成经验获取，并由此开展更深入的新的实践。

➡ 专家讲座 --

教师网络研修预备阶段活动设计方法

· 教师网络研修预备阶段活动的设计目标 ·

顾名思义，教师网络研修预备阶段活动是指教师网络研修活动前的准备活动。预备活动要围绕即将开始的教师网络研修活动目标、组织方式、角色分工和活动策略等核心要素的需要进行设计。教师网络研修活动以研修团队成员共享和发展教师实践性知识、改进教师课堂教学行为为目标，因此需要成员以参与式的合作活动为主，合作活动中的成员具有不同的角色，在活动中需要负有不同的责任，需要经常性地相互交流互动，以便有效地合作。为此，预备活动应促进教师网络研修团队建立社会联系，成员应有一定的信息技术环境下的合作研修技能，教师研修团队应具有一定的行为规范等。教师网络研修预备阶段活动的基本目标有以下几点：①建立教师网络研修团队，形成教师交往环境；②教师掌握信息技术环境下的研修技能；③建立教师网络研修团队规范；④建立教师电子档案袋。

·教师网络研修预备阶段活动的设计流程·

为了实现教师网络研修预备阶段活动的基本目标，预备活动设计的主要流程为：围绕预备阶段的目标，设计个人预备活动、团队预备活动（包括团队内的和跨团队的预备活动）和助学活动等。教师网络研修预备阶段活动的设计流程如图 2-2 所示。

个人预备活动的主要环节包括：教师注册或登录网络研修平台、学习使用网络研修环境所提供的技术工具、掌握基本的远程学习活动技能、选择与自己兴趣接近或相同的教师网络研修团队、建立自己的电子档案袋。

团队预备活动设计的主要环节有：①促进教师彼此相识的公共活动。②对于新建立的教师网络研修团队，需要设计群体文化建设活动。例如，制定大家认同的团队规范、激励机制等，引导教师建立共同的研修价值观，

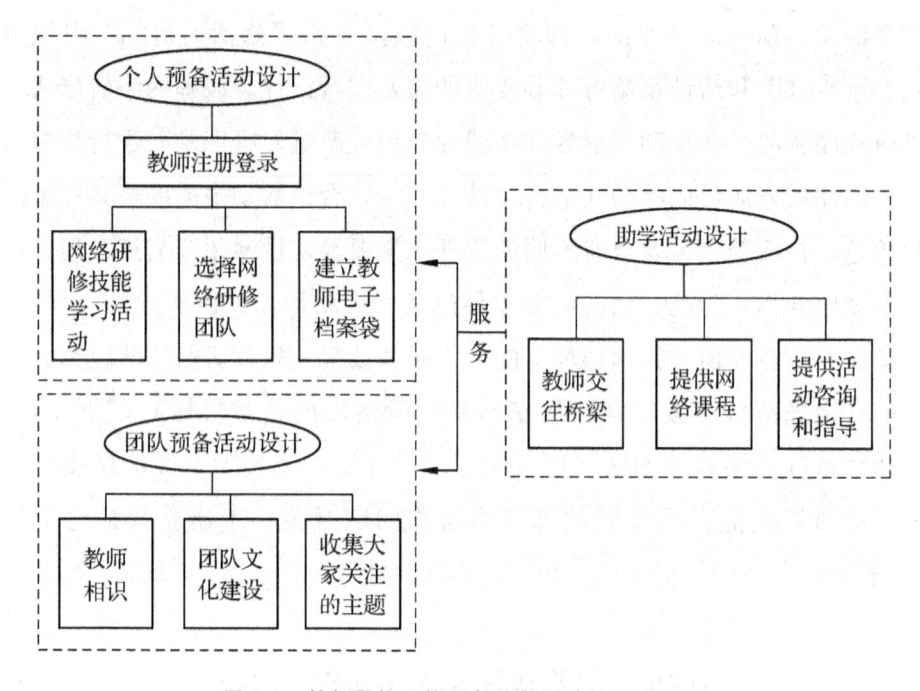

图 2-2　教师网络研修预备阶段活动的设计流程

使教师网络研修活动建立在良好的团队合作文化基础之上。③收集团队成员所关注的研修主题,为网络研修团队决策即将开展的网络研修活动主题进行先期调查。

　　助学者在预备阶段的主要活动是:①为教师之间的初次相识和交往搭建桥梁。②提供咨询和指导服务。为了使教师尽快熟悉和适应网络研修环境,应为教师提供尽可能及时的问题答复。答疑途径有两种:一种是建立常见问题库,用 FAQ 系统自动答疑;另一种是人工答疑。③助学者在预备阶段需提供短期课程,该课程以教师在网络研修环境下如何研修、如何使用研修工具为主要内容,为开展网络研修活动提供基础。助学者在预备阶段的活动为研修教师提供的助学服务,可以帮助教师为有效开展后续活动做好充分准备。

教师网络研修预备阶段的活动分类

教师网络研修预备活动可按照参与活动的人数分为：个人预备活动和团队预备活动。表 2-2 给出了典型的教师网络研修预备阶段活动的分类。

表 2-2 典型的教师网络研修预备活动分类

活动类型	典型活动	活动作用	助学服务
个人预备活动	短期课程学习	教师熟悉教师网络研修支撑平台的功能使用	提供短期网络课程，提供答疑咨询
	建立电子档案袋	为记录教师研修过程和评估建立基础	提供咨询
	撰写个人博客等	介绍自己，分享个人观点	推荐优秀博客
团队预备活动	交友活动	登录平台的教师均可参与此活动，为教师找到合作伙伴或参与某个团队提供桥梁	为教师搭桥，与研修教师进行情感交流，降低他们的孤独感
	团队建立活动	凝聚团队，形成共同的研修愿景	指导建立团队规范，促进团队形成
	团队召集活动	已形成的团队吸收有共同研修兴趣的人员	宣传团队召集帖
	团队预备活动	团队成员相互了解，制定团队 Logo、口号、行为规范等，初步形成团队文化	提供团队预备活动大纲，引导团队活动

预备活动设计取决于后续活动的目标、任务、组织方式、活动流程，以及所需要的环境支持。根据活动系统的层次性，预备活动可以由若干个子活动构成，表 2-2 中的子活动可按一定方式组合，以完成预备活动目标和任务。

◆▶ 活动设计

预备阶段活动设计练习

请根据您正在使用的教师网络研修支撑平台的特点与相应的功能模块，设计一个"晒晒我的电子档案袋"的活动。活动目标包括：①每位研修教师要建立一个包括自我介绍、即时随笔、体会与感受、成果作品及学习笔记五部分内容的教师电子档案袋；②开放电子档案袋内容，允许其他研修教师观看、浏览；③评选优秀教师个人电子档案袋；④研修教师通过浏览其他教师的电子档案袋内容，初步建立网上好友关系。要求您将活动的设计流程和设计原则等内容填入表 2-3 中。

表 2-3 预备阶段活动设计表

活动名称	晒晒我的电子档案袋	设计者姓名	
活动流程图			
总结出您认为最重要的三个活动设计原则			
原则一：			
原则二：			
原则三：			

◆ 专家讲座

具体经验获取阶段活动设计方法

·理解教师的具体经验·

教师的经验分为直接经验和间接经验。其中，从教师个人多次亲身实践或经历中得到的知识或技能属于直接经验，而从他人或书本中得到的知识属于间接经验。经验和经历既相互区别又相互联系。例如，初次滑冰的人刚一上溜冰场往往会摔得前仰后合，这对他来讲是一个经历。如果他重复刚才的滑冰动作，他便会有第二次经历。但是如果他意识到滑冰是有技巧和方法的，并主动咨询会滑冰的人，得知"重心越低越好，两腿弯曲，身体前倾，摔倒的时候一定要往侧面倒，避免危险"，这时他得到的就是间接经验。如果他自己摸索，摔倒了爬起来，总结摔倒的原因，不断尝试，经过多次练习和摸索后，发现原地两脚分成"八"字形站立最稳，滑冰时两臂向侧前方身体会维持平衡等技巧，这时他获得的就是直接经验。认识到某种有利于解决问题的认知，是一种积极的经验。由此可见，经验与经历并不是一回事，但是经历与经验是有联系的，经验是在经历的基础上形成的。

同理，直接教学经验是教师在教学体验后或以观察者身份观察课堂后通过反思而获得的经验；间接教学经验则是教师从同行那里交流分享的或由有经验的教师传授的经验。教师和学校都应该重视教师的教学经验积累。对于教师个人来说，它是教师专业发展水平不断提高的过程；

而对于学校而言，它决定着学校的办学水平，拥有经验丰富的教师意味着拥有优质资源，是一所学校成为优质学校的重要保证。

教师的具体经验是指教师在课堂体验中或通过使用某种课堂观察方法进行课堂观察，获得的课堂中成功或失败的归因，是有效解决课堂问题的方法，通过这种途径获取的经验往往是碎片式的、微小的，甚至是凌乱的，但却是真实的实践性知识，是最能改进教师教学行为的动因。例如，某教师使用问题类型分析方法对一节数学技能课进行课堂观察后发现，学生课堂反馈积极，能够一步一步达到课堂预期目标（观察课堂现象）。经过认真分析该课堂的各种类型问题的分布比例，可以看出被观察教师在该节课中"为何类问题"与"如何类问题"占有较大比例。由此，观察此节课的教师初步得出的一个教学的具体经验是：教师在数学技能课中适当运用"为何类问题"及"如何类问题"，可以使本节课在融入大量的原理性知识与操作性知识时，不仅课堂互动的效果好，而且还能较好地实现技能课的预期目标。

从对经验和经历的区分来看，有了一定教学经历的教师不一定意味着他就积累起丰富的教学经验，教学经验的丰富性和深刻程度取决于教师个体在教育教学过程中能够不断地进行基于事实与数据的反思，发现教与学的问题，并努力改进自己的教学行为。因此，教师的具体经验具有以下三个基本特征（吴刚平，2005）：①具体经验必须有教育经历做基础；②具体经验基于教师的反思活动；③具体经验依附于教育者个体。

·具体经验获取阶段活动设计目标·

教师的具体经验属于不同的教师个体，教师对具体经验的感知过程是一个个体的主观认知过程，通过具体体验、感知所获得的知识，属于个体知识（personal knowledge），体现着知识的默会性，属于直接经验感知和用来解释个人经验并指导行动的隐性知识（tacit knowledge）。教师对具体经验的领悟过程，是一个客观的社会过程，需要借助一定的文化工具与他人进行交流，描述经验性的东西，彼此分享，因此，领悟性知识属于社会知识（social knowledge），是显性知识（explicit knowledge），是建立在领悟基础上的，抽象出的独立的、社会的及文化传播的词汇、符号和图像等（Kolb，1984）。

具体经验获取阶段的活动设计目标包括以下两大方面：

第一，捕获、感知教师的具体经验——隐性知识获得阶段。

为了帮助教师获得更多的隐性知识，捕获感知到的具体经验，本项目标要求在研修活动中，以教师的课堂教学为专业情境，借助定性与定量的课堂观察方法与技术，使教师个人从实际教学活动中获得直接感受，并捕获到在开放式观察、聚焦式观察和结构式观察中所感知的鲜活的、碎片式的，甚至是稍微凌乱的直接经验。

第二，领悟、抽象教师的具体经验——显性知识获得阶段。

为了帮助教师将所获得的基于个人的、碎片式的，甚至是凌乱的直接经验加工整理成一种在研修团队中具有积极作用的具体经验，就需要促进教师之间的互动交流，并支持教师在互动的过程中寻求新的经验意义，且通过对课堂教学中的具体问题的研究，将新旧经验联结起来，形成研修团队这一学习型组织的具有社会性的显性知识。

· 具体经验获取阶段的活动设计流程 ·

根据具体经验获取阶段活动设计的两大目标，该活动设计仍然需要聚焦于教师个体活动设计、研修团队活动设计和助学活动设计三个维度上，如图 2-3 所示。

图 2-3 表明，在具体经验获取阶段的活动设计流程中，课堂观察被

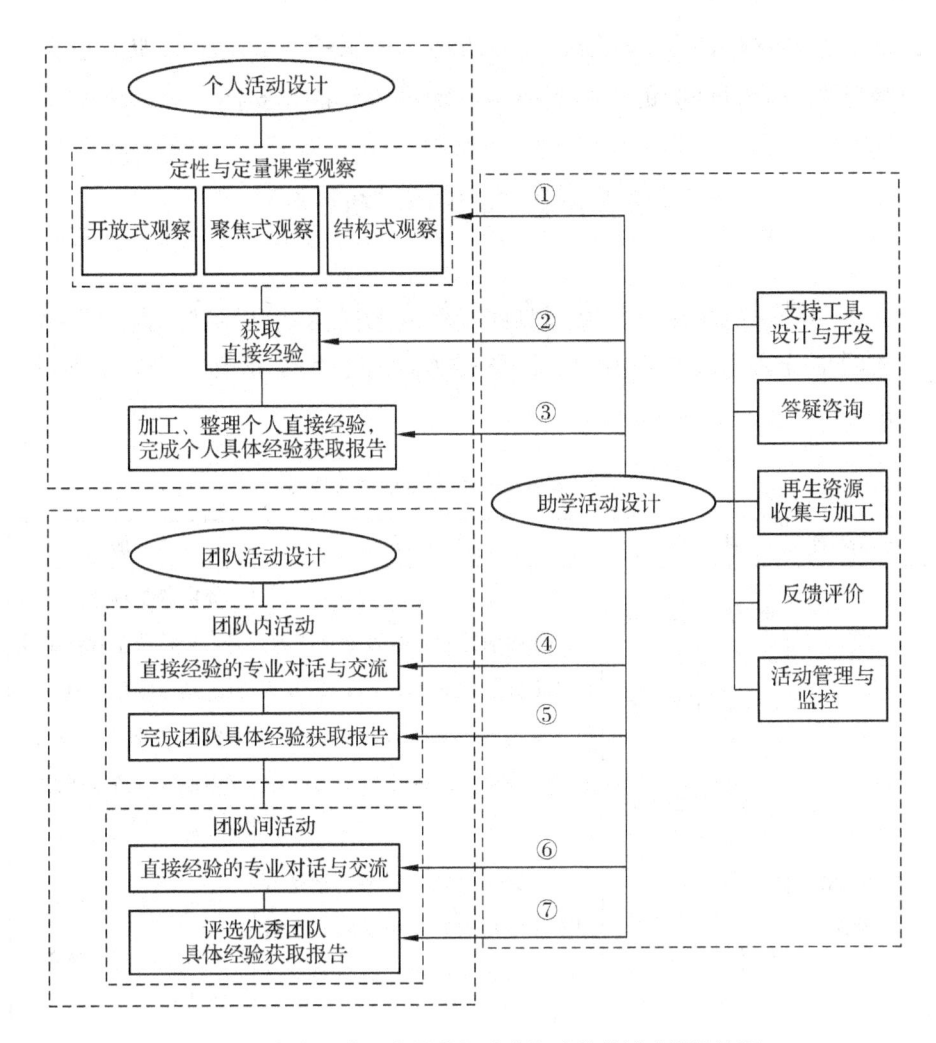

图 2-3　教师网络研修具体经验获取阶段的活动设计流程

放在了个人研修活动中。在研修活动实施时，为了提高课堂观察的信效度，我们也鼓励将课堂观察活动放入团队研修活动中进行。助学者服务是该阶段能够顺利实施及高质高效完成任务的重要保障。助学者通过支持工具的设计与开发、答疑咨询、再生资源收集与加工、反馈评价、活动管理与监控为个人研修活动提供图 2-3 中①②③三种支持服务和为团

37

队研修活动提供图 2-3 中④⑤⑥⑦四种支持服务，上述支持服务包含了对教师获取具体经验的人际支持、学术支持和认知支持。

·具体经验获取阶段活动分类·

按照具体经验获取阶段的研修者粒度和角色进行划分，可以将该阶段的活动分为个人研修活动、团队研修活动和助学活动三类，如表 2-4 所示。

表 2-4　具体经验获取阶段活动分类

活动类型	典型活动	活动作用	助学服务
个人研修活动	开放式课堂观察	以教师的课堂教学为专业情境，借助定性与定量的课堂观察方法与技术，使教师个人从实际教学活动中获得直接感受	提供课堂观察支持服务，包括课堂观察的支持工具、答疑咨询、再生资源的回收与加工、反馈评价、活动管理与监控等
	聚焦式课堂观察		
	结构式课堂观察		
	获取直接经验	捕获到在开放式观察、聚焦式观察和结构式观察中所感知的鲜活的、碎片式的，甚至是稍微凌乱的直接经验	提供直接经验获取支持服务，特别是认知与学术支持服务
	撰写个人具体经验获取报告	初步加工、整理个人直接经验	答疑咨询、反馈评价
	评选优秀个人具体经验获取报告	评选优秀个人，树立先进研修榜样	反馈评价、活动管理与监控

续表

活动类型	典型活动	活动作用	助学服务
团队研修活动	团队组织参与课堂观察活动	促进教师之间的经验交流，支持教师在互动的过程中寻求新的经验意义，并通过对课堂教学中的具体问题的研究，将新旧经验联结起来，形成研修团队这一学习型组织的具有社会性的显性知识	提供团队研修支持服务，包括支持工具、答疑咨询、再生资源的回收与加工、反馈评价、活动管理与监控等
	团队召开具体经验获取研讨会，撰写团队具体经验获取报告		
	评选优秀团队具体经验获取报告	评选优秀团队，树立团队研修榜样	反馈评价、活动管理与监控
助学活动	设计、开发支持工具	支持团队按照活动设计目标高质高效地完成研修活动任务	
	答疑咨询		
	反馈评价		
	再生资源的回收与加工	收集研修过程中的再生资源，为形成新的案例等学习资源奠定基础	
	活动管理与监控	保证研修人员按照活动设计进程高质高效地完成研修活动	

上述三类具体经验获取活动可作为具体经验获取活动设计的参考。表 2-4 虽然不可能囊括所有的活动设计，但是可以起到抛砖引玉的作用。您可以在自己的活动设计中，对上述活动进行不同的组合，形成符合您实际需要的新活动。

·具体经验获取阶段活动支持工具·

个人具体经验获取报告,见表 2-5。

表 2-5 个人具体经验获取报告

案例基本信息			
案例名称		案例主讲人姓名	
案例所属学科		案例课程所属年级	
案例课型		任教教师教龄	
观察者基本信息			
观察者姓名		观察者所属学科	
观察者教龄		观察者所在团队	
合作观察者信息			
观察者姓名		观察者所属学科	
观察者教龄		观察者所在团队	
开放式观察证据		所获取的直接经验	
聚焦式观察证据		所获取的直接经验	
结构式观察证据		所获取的直接经验	
初步总结出的成功的具体经验:			
初步总结出的失败的具体经验:			

团队具体经验获取报告，见表 2-6。

表 2-6 团队具体经验获取报告

案例基本信息				
案例名称			案例主讲人姓名	
案例所属学科			案例课程所属年级	
案例课型			任教教师教龄	
团队基本信息				
团队名称			团队成员姓名	
成功经验的共性分析				
1. 请说明若干个成功经验中所体现出的共性				
2. 请用一个或多个课堂叙事、课堂观察结果对具有共性的成功经验加以分析说明				
失败经验的共性分析				
1. 请说明若干个失败经验中所体现出的共性				
2. 请用一个或多个课堂叙事、课堂观察结果对具有共性的失败经验加以分析说明				
3. 给出改进的具体建议				
具有争议的具体经验				
1. 请对具有争议的具体经验进行表述				
2. 分析团队中有争议的原因				

▶ 活动设计

具体经验获取阶段活动设计练习

请根据您正在使用的教师网络研修支撑平台的特点与相应的功能模块，设计一个"具体经验获取团队研讨会"的活动。要求该活动采用混合式活动方式，既要有线下的面对面团队活动，也要有基于教师网络研修支撑平台的线上活动。目标包括：①全体团队成员运用定性与定量的课堂观察方法，观察1~2节课；②完成个人具体经验获取分析报告；③团队内部充分分享团队成员所获取的个人具体经验；④收集、分析具有共性的成功的具体经验；⑤收集、分析具有共性的失败的具体经验；⑥撰写团队具体经验获取报告。要求您将活动的设计流程和设计原则等内容填入表2-7中。

表 2-7 具体经验获取阶段活动设计表

活动名称	具体经验获取团队研讨会	设计者姓名	
线下活动流程图		线上活动流程图	
总结出您认为最重要的两个活动设计原则			
原则一：			
原则二：			
原则三：			

专家讲座

反思性观察阶段活动设计方法

·理解教师的反思性观察·

库伯(1993)认为,学习就是掌握经验和改造经验。这意味着对于学习者来说,获取经验固然重要,但在获取经验的基础上对经验进行改造也同样重要。杜威(Dewey)指出,学习等于经验加反思,经验之后的反思是构成和促进学习的有效方法,反思有助于学习的深入和产生系统的理性认识。反思对于经验学习的作用也可以通过杜威曾经举过的一个例子来说明:一个小孩把手指伸进火焰里,仅是这样的动作并不能构成经验。他要把伸进火焰里的动作与被火灼伤的疼痛后果联系在一起,如此才算是得到了经验,他才知道把手伸入火焰里会灼伤。同样地,他如果只知道手被灼伤了,而不知道烧伤乃是把手伸到火焰里的后果,手指烧伤对他来说就跟木头燃烧一样,只是一种物质的变化罢了,就没有产生有意义的经验。由此可见,体验者本人在体验之后必须有所作为才会使体验产生意义,这就需要体验者或观察者经历一个反思性观察过程,即将火焰、手的灼伤、疼痛等过程观察转换为"火会烧伤人"的体验意义,才可作为今后继续尝试或改变行为的参考。

反思性观察阶段是库伯在经验学习圈学习模式中紧随具体经验获取阶段之后的学习阶段,它在经验学习圈的四个阶段中与积极实践阶段一起构成了经验改造维度，如图2-4所示。教师反思性观察的目的是对在具体经验获取阶段获取的具体经验产生新的理解和认识。

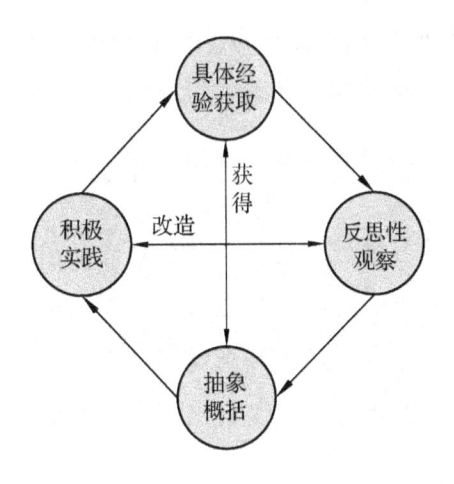

图 2-4 经验学习圈的两个坐标轴的意义

所谓反思性观察是指学习者依据以往的经验、知识和理念，对具体经验获取阶段获得的具体经验进行多视角的观察和思考，探求具体经验之间的相关性，从而深入认识实践活动与结果之间的因果关系。

教师进行反思性观察活动是对具体经验获取阶段所获得的具体经验做进一步的内省过程，既可以是对教师自己教学的反思，也可以是对他人教学的反思。教师在具体经验获取阶段通过真实课堂的教学实践或课堂观察获取了具体经验，为了提升教师的具体经验，使之从感性认识上升到理性认识，教师在反思性观察阶段要借助课堂观察方法对真实课堂观察所获得的信息数据、教师的原有知识、分享他人的具体经验等，对具体经验进行深刻的思考，从而对它产生新的理解和认识。杜威将经验区分为"原初经验"和"反思经验"，认为它们之间的区别在于，前者是一种瞬间的反思，而后者则表现为一种持续而规范的反思性探求。因此，在反思性观察阶段，教师对在具体经验获取阶段获得的"原初经验"需要运用自我反思、头脑风暴等多种反思方法和技术进行持续性的深刻反思，才能使之转变为"反思经验"，本系列培训教材中的《教学反思方法与技术》一书对常见的反思方法进行了详细的介绍。

教师的反思性观察具有以下基本特征。

第一，教师的反思性观察是一种批判性反思。

批判性反思在学习过程中是一个转变观念的阶段。教师在反思性观察时要运用批评和分析的态度，探究过去与现在的教学经历和经验对学习过程的启示，判断原有的经验和新观点之间的联系（房慧，2010），从而使教师在反思中转变观念，突破自己原有思维的局限性。

第二，教师的反思性观察依赖于课堂观察方法与技术的支持。

教师要运用课堂观察方法与技术对真实课堂或课堂录像进行全方位的观察，获得来自真实课堂情境的多种师生行为数据，作为反思性观察的重要依据。

第三，个人反思与集体反思相辅相成。

教师的反思性观察有个人反思和集体反思两种活动形式。集体反思是教师与团队成员就共同观察的课堂问题进行头脑风暴等专业对话活动，通过描述、倾听、质疑、回答、辩论、讨论等方式实现经验分享，以及观点和观点的交汇与碰撞。集体反思有利于教师在个人反思中尝试从他人的角度去观察课堂，分享他人所体验的课堂情境，接受不同观点或产生新观点，使教师对课堂教学行为和结果关系的认识超越教师原有的知识水平和惯性思维，促进教师个人反思的深入。教师的集体反思往往是在个人反思的基础上进行的，课堂主讲教师和观察者从不同的视角获得的反思结果，会促进教师研修团队成员的深度交流，有利于集体反思的深入。

·反思性观察阶段活动设计目标·

教师的反思性观察是教师的内省过程。在这一阶段中，教师要对具体经验获取阶段所获得的具体经验进行再认识，而这一认识过程需要收集更多的课堂信息，借助以往的经验、知识和理念，对具体经验进行观察、检验和思考，从而深入认识课堂教学活动与最终产生的教学结果之间的联系，探索具体经验背后更深刻的含义，使教师获取的具体经验得到理性认知的提升。

教师反思性观察阶段的活动设计目标包括以下两个方面。

第一，使教师感知的具体经验得到理性提升。

教师的反思性实践是在对课堂全方位观察的基础上进行的。教师可以基于对一个或多个具有共性的课堂（如同课异构、同课同构等）的观察数据进行分析、比较，对教学活动背后的观念、方法等进行思考，从而产生对课堂中教学方法、教学策略、教学行为等与教学结果有关的因素的新认识。团队集体反思在个人反思的基础上，通过对个人的反思结果进行充分的交流，从而有助于教师对教学活动背后的具体经验有新的、全面的认识和理解。

第二，促进教师教学观念的转变和教学行为的改进。

教师在反思性观察阶段可以通过以下两个途径促进教师教学观念的转变和教学行为的改进：①在集体反思中，教师通过描述、提问、阐释、辩论、建议等方式与他人交流各自的反思观点，使教师接受团队其他成员的诸多不同的观点和思维方式，促进教师修正原有的个人观点，产生新的观点，进而改变了教师原有的一些教学观念和教学行为。②教师的反思可以是多层次的，基于教学情境所进行的个人和集体的课后反思，使教师重新认识和获得具体经验。在此基础上，教师还可以通过撰写个人反思日志、运用教学审计技术等，用质疑、批评和分析的态度，探究过去和现在的经历与经验，判断原有的经验与新的具体经验之间的联系，以及对教学的启示，这种"基于反思的反思"的方式，可以促进教师转变观念，有意识地改进自己的教学行为。

·反思性观察阶段的活动设计流程·

根据反思性观察阶段活动设计的两大目标，反思性观察阶段的活动设计仍然需要聚焦于教师个人活动设计、团队活动设计和助学活动设计三个维度上，如图 2-5 所示。

图 2-5 表明，在反思性观察阶段的活动设计流程中，个人反思活动包括对一个或多个具有共性的课堂进行反思性观察，理性思考具体经验获取阶段所获取的具体经验，撰写个人课后反思报告。与此同时，教师还可以基于个人和集体的课后反思，进行基于反思的反思活动，并撰写个人反思日志。助学者服务是确保该阶段活动能够顺利实施与高质高效完成任务的重要保障。助学者通过支持工具的设计与开发、答疑咨询、再生资源收集与加工、反馈评价、活动管理与监控为个人研修活动提供图 2-5 中①②③三种支持服务和为团队研修活动提供图 2-5 中④⑤⑥三种支持服务，上述支持服务包含了对研修教师教学反思的人际支持、学术支持和认知支持。

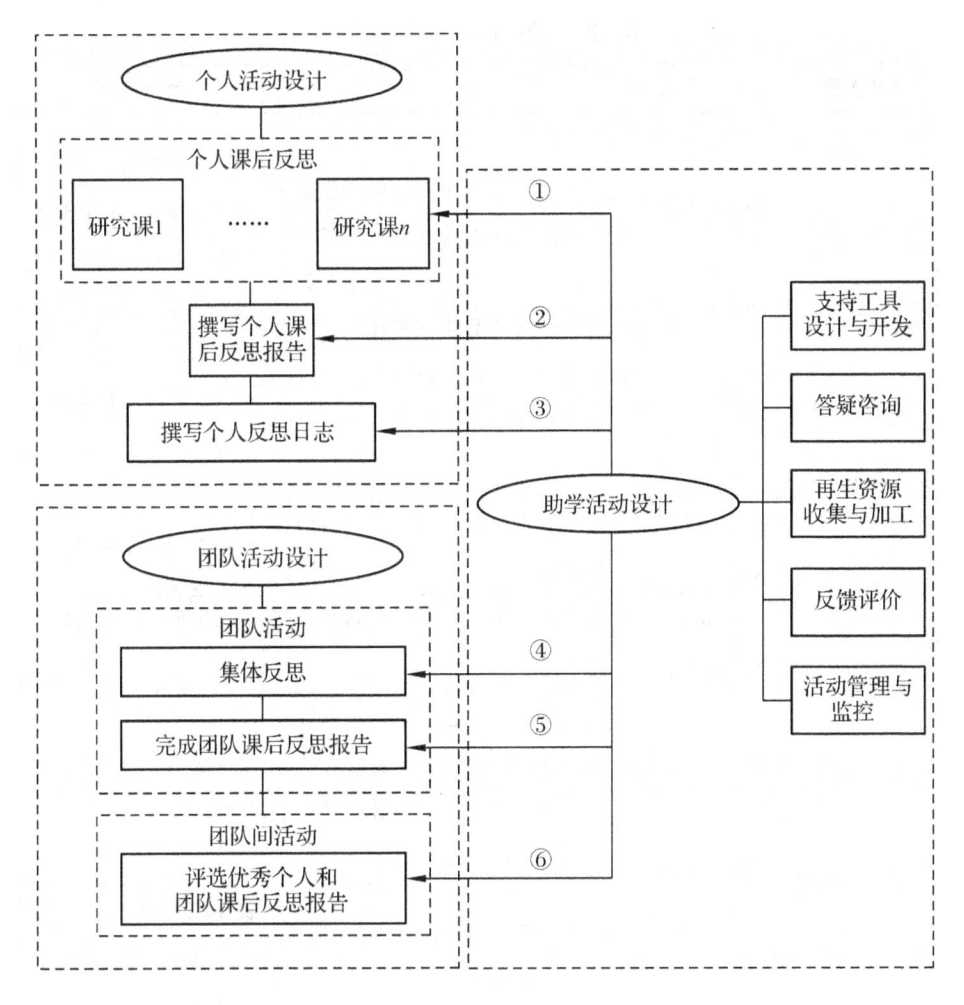

图 2-5 教师网络研修反思性观察阶段的活动设计流程

·反思性观察阶段活动分类·

按照反思性观察阶段的研修者粒度和角色进行划分，可以将该阶段的活动分为个人研修活动、团队研修活动和助学活动三类，如表 2-8 所示。

49

表 2-8　反思性观察阶段活动分类

活动类型	典型活动	活动作用	助学服务
个人研修活动	教师自我反思	教师以自己或他人的课堂教学为反思对象，通过对一节课或两节同课异构或同课同构课堂的课堂观察结果的分析和对比，促进教师理性思考具体经验获取阶段所获取的具体经验	提供课堂观察、课后反思支持服务，包括课堂观察、系列课后反思工具等，答疑咨询，再生资源的回收与加工，反馈评价，活动管理与监控等
	同课异构课堂反思		
	撰写个人课后反思报告	初步加工、整理个人反思后的具体经验	答疑咨询、反馈评价
	评选优秀个人课后反思报告	评选优秀个人作品，起到活动示范作用	反馈评价、活动管理与监控
	撰写个人反思日志	教师在反思日志中通过批判性反思判断原有的经验与新的具体经验之间的联系，促进教师教学观念和教学行为的转变	提供教师个人反思日志模板
团队研修活动	头脑风暴集体反思活动	依据对课堂的全面观察和成员的多种反思观点，促进教师更加理性地认识具体经验获取阶段获取的具体经验	提供团队研修支持服务，包括支持工具、答疑咨询、再生资源的回收与加工、反馈评价、活动管理与监控等
	撰写团队课后反思报告		
	评选优秀团队课后反思报告	评选优秀团队作品，起到活动示范作用	反馈评价、活动管理与监控

续表

活动类型	典型活动	活动作用	助学服务
助学活动	设计、开发支持工具	支持团队按照活动设计目标高质高效地完成研修活动任务	
	答疑咨询		
	反馈评价		
	再生资源的回收与加工	收集研修过程中的再生资源，为形成新的案例等学习资源奠定基础	
	活动管理与监控	保证研修人员按照活动设计的进程，高质高效地完成研修活动	

上述三类反思性观察活动可作为教学反思活动设计的参考。虽然表2-8不能囊括所有的活动设计，但是可以起到抛砖引玉的作用。您可以在自己的活动设计中，对上述活动进行不同的组合，形成符合您的实际需要的新活动。

·反思性观察阶段活动支持工具·

在反思性观察阶段的研修活动中，助学者设计了多种活动支持工具，其中主要的有个人课后反思工具、团队课后反思工具和个人反思日志工具，如表2-9~表2-11所示。

表 2-9 个人课后反思报告

案例基本信息			
案例名称		案例主讲人姓名	
案例所属学科		案例课程所属年级	
案例课型		任教教师教龄	
反思者基本信息			
反思者角色	○主讲教师 ○观察者	反思者所属学科	
反思者教龄		反思者所在团队	
具体经验获取阶段从案例中获取的成功的具体经验：		反思具体经验	
^		①用我的教学经验分析_____ ②用理论研究成果分析_____ ③用我观察课堂获取的数据分析_____ ④用我观察的他人案例数据对比分析_____	
^		综合分析，课堂教学效果成功的背后原因是_____	
具体经验获取阶段从案例中获取的不成功的具体经验：		反思具体经验	
^		①用我的教学经验分析_____ ②用理论研究成果分析_____ ③用我观察课堂获取的数据分析_____ ④用我观察的他人案例数据对比分析_____	
^		综合分析，课堂教学效果不佳的背后原因是_____	

个人课后反思报告工具运用于教师对课堂具体经验的反思性观察活动中,教师在使用该工具时需要注意的是:①可以利用该工具分析多个成功的具体经验或不成功的具体经验,因此该工具中相关栏目可复制。②借用多个案例分析数据进行对比分析时,可以使用维恩图工具辅助进行案例共同点及各自特点的对比分析,如图2-6所示。

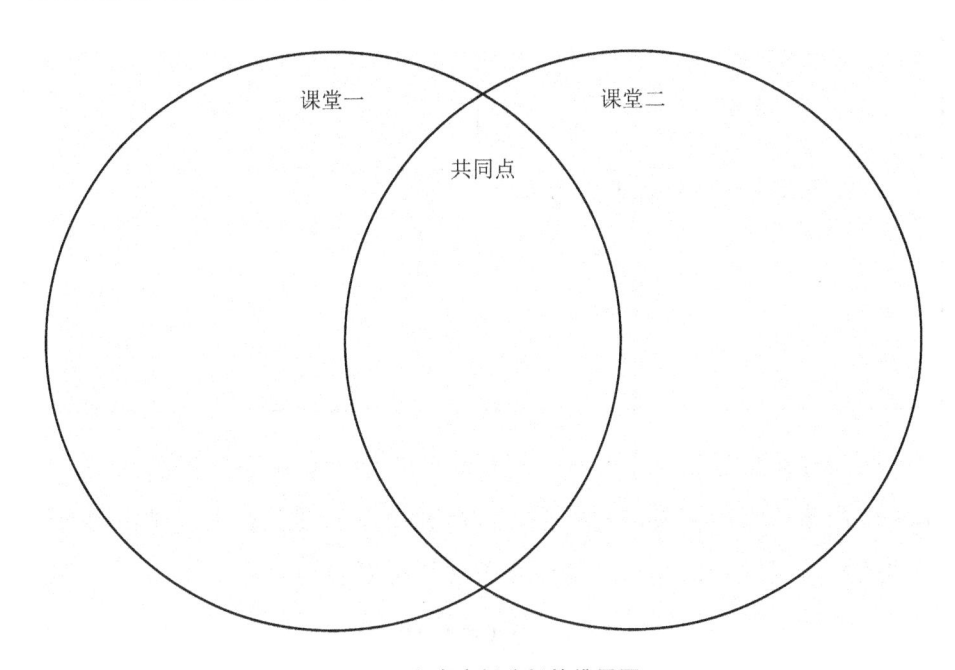

图 2-6　多个案例分析的维恩图

表 2-10　团队课后反思报告

案例基本信息			
案例名称		案例主讲人姓名	
案例所属学科		案例课程所属年级	
案例课型		任教教师教龄	

续表

团队基本信息			
团队名称		团队成员姓名	
反思具体经验			
请叙述团队成员支持具体经验的观点：		请叙述团队成员质疑具体经验的观点：	
集体反思会后，团队对具体经验的重新认识：			

团队课后反思报告工具运用于反思性观察阶段的集体反思活动。教师在使用该工具时需要注意的是，可以利用该工具反思多个成功的或不成功的具体经验，因此该工具中相关栏目可复制。

表2-11 个人反思日志模板

对比维度	新获取的具体经验	过去的经历或经验
一致的地方		
不一致的地方		
重新审视和评价		
新的教学启示		

个人课后反思和团队集体反思后，获得了对具体经验的更加理性的

认识。教师可以利用表 2-11 所示的个人反思日志工具，进行"基于反思的反思"，用批判性反思的态度重新审视过去的和现在的教学经验的关系，使自己获得新的教学启示。

➡ 活动设计

反思性观察阶段活动设计练习

请根据您正在使用的教师网络研修支撑平台的特点与相应的功能模块，设计一个"集体反思"的活动。要求该活动采用混合式活动方式，既要有线下的面对面团队活动，也要有基于教师网络研修支撑平台的线上活动。目标包括：①全体团队成员针对两节同课异构的课程，运用头脑风暴的方法（请参见本系列培训教材中《教学反思方法与技术》一书），开展集体反思活动；②该活动要求在个人课后反思的基础上进行，因此要求收集个人课后反思报告；③完成团队课后反思报告。要求您将活动的设计流程和设计原则等内容填入表 2-12 中。

表 2-12　反思性观察阶段活动设计表

活动名称	集体反思活动	设计者姓名	
线下活动流程图		线上活动流程图	
总结出您认为最重要的三个活动设计原则			
原则一：			
原则二：			
原则三：			

> 专家讲座

抽象概括阶段活动设计方法

·理解教师对具体经验的抽象概括过程·

在经验学习圈的四个阶段中,抽象概括阶段和具体经验获取阶段一起构成了经验获得维度,如图 2-4 所示。即教师的经验获取有两个途径:一个是在具体经验获取阶段;另一个是在抽象概括阶段。

在具体经验获取阶段,教师通过真实课堂实践或课堂观察,具体感知获得直接经验。而在抽象概括阶段,教师通过系统分析和归纳反思性观察阶段的成果,即针对某一研修主题(如课堂小组合作学习),归纳和整合教师所掌握的、思考过的和所期望的方法与具体经验,获得间接经验。要想使教师具体经验向理论层面提升,还必须对其进行概念化,这是因为即便是最具体和最个人化的知识也是通过概念抽象得来的(Dogan,2010)。概念来源于事实,也是对事实的抽象。吴刚平(2004)认为,教学经验的概念化是教学经验走向教育理论的一种表达方式。因此,对于归纳后的教学方法和经验还需要抽象出较为合理的概念,并构建和完善该研修主题的概念系统。

综上所述,教师对具体经验的抽象概括对于教师的实践性知识发展的意义体现在以下几个方面。

①抽象概括活动使教师的个人化的、碎片化的具体经验转变为更加

抽象的、高层次的和体系化的间接经验，使教师具体经验的价值得以提升，从而使实践性知识具有更普遍的指导意义。

②教师的抽象概括活动使教师的具体经验被概念化，使具体经验变成为社会的、公共的实践性知识，并得以在教师研修团队中交流和分享，促进了实践性知识的共享。

③教师的抽象概括活动促进了教师的具体经验上升到理论层面。教师研修不仅要实现理论知识实践化，用教学理论指导、解决教学实践中的问题，而且还可以使实践经验理论化。正如叶澜教授（1999）所说的，成功教师的实践经验和其中包含的对教育的理解与创造，是教育理论的重要资源。

但是，抽象概括的过程对于一线教师是非常困难的，需要专家及助学者在具体经验的概括、抽象概念化和概念系统化等方面给予大力支持。

·抽象概括阶段活动设计目标·

抽象概括是对教师反思性观察所获得的具体经验进行归纳的过程。这些具体经验来自于团队成员的反思成果，反映了教学情境中教学活动策略、教学方法、教师行为等与教学结果的联系，因此是碎片化的。教师在对具体经验进行归纳的基础上，需要进一步提炼和抽象出合理的概念，并进一步对概念进行体系化，形成教师自己就某一研修主题的关于如何教和如何学的实践性知识的理论框架。

教师反思性观察阶段的活动设计目标有以下两个方面。

第一，归纳、抽象和提炼某一研修主题的实践性知识。

教师网络研修团队选择、确定某一研修主题，通过在团队内部对这一主题所生成的具体经验（包括团队的公共具体经验以及教师个人的具体经验）进行充分的分享与交流，以及归纳、提炼和抽象概念化，形成一系列针对该主题的如何教与如何学的实践性知识。

第二，构建和表征某一研修主题的实践性知识体系框架。

基于相关理论指导，教师网络研修团队从"我所掌握的""我思考过的"和"我所期望的"三个维度归纳、整合关于研修主题的实践性知识体系框架。教师的实践性知识体系框架的构建有利于教师随时将获取、反思、概括和提炼的知识与教师原有的知识"嫁接"，完善自己的教学理论。教师可以选择自己熟悉的形式（表格、概念图等）对实践性知识体系框架加以表征。

·抽象概括阶段活动设计流程·

根据抽象概括阶段活动设计的两大目标可知，抽象概括阶段的活动设计仍然需要聚焦于个人活动设计、团队活动设计和助学活动设计三个维度上，如图 2-7 所示。

图 2-7 表明，在抽象概括阶段的活动设计流程中，具体经验抽象概括活动分为个人活动和团队活动，其中，团队抽象概括活动是对教师个人所归纳的具体经验的概括，并进一步将概括的具体经验概念化。助学者的服务是该阶段能够顺利实施与高质高效地完成任务的重要保障。助学者通过研修主题相关理论支持、支持工具的设计与开发、答疑咨询、

◆ 教师网络研修活动设计方法与技术 ◆

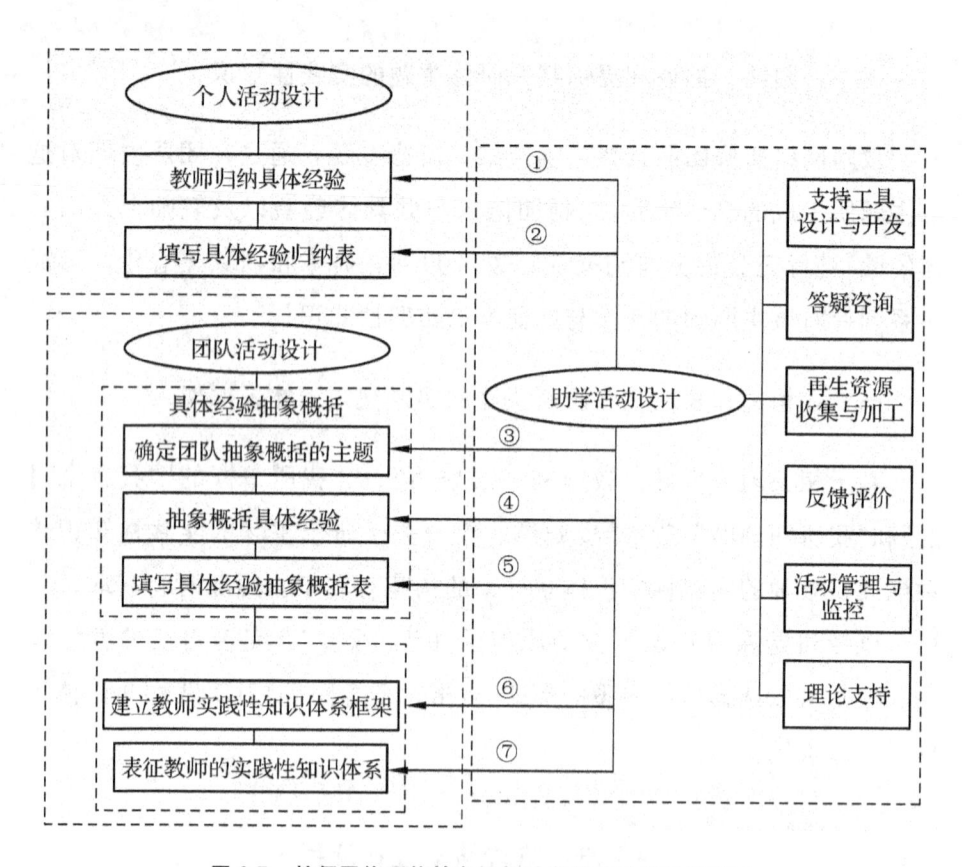

图 2-7 教师网络研修抽象概括阶段的活动设计流程图

再生资源收集与加工、反馈评价、活动管理与监控为个人研修活动提供图 2-7 中①②两种支持服务和为团队研修活动提供图 2-7 中③④⑤⑥⑦五种支持服务，上述支持服务包含了对教师抽象概括活动的人际支持、学术支持和认知支持。

· 抽象概括阶段活动分类 ·

按照抽象概括阶段研修者粒度和角色进行划分，可以将该阶段的活动分为个人研修活动、团队研修活动和助学活动三类，如表 2-13 所示。

表 2-13 抽象概括阶段研修活动分类

活动类型	典型活动	活动作用	助学服务
个人研修活动	归纳教师所掌握的具体经验	归纳、整理教师个人的具体经验	提供活动的支持服务，包括个人具体经验归纳工具、答疑咨询、再生资源的回收与加工、反馈评价、活动管理与监控等
	归纳教师思考过的具体经验		
	归纳教师期望获得的具体经验		
	填写具体经验归纳表		
	评选优秀具体经验归纳表	评选优秀个人作品，起活动示范作用	反馈评价、活动管理与监控
团队研修活动	对个人或团队具体经验进行归纳和整理	促进教师团队所获取的具体经验碎片的概括和抽象概念化	提供团队研修支持服务，包括支持工具、答疑咨询、再生资源的回收与加工、反馈评价、活动管理与监控等
	对团队具体经验抽象概念化		
	填写团队具体经验抽象概括表		
	构建某一研修主题的实践性知识体系框架	促进团队关于某一研修主题的教学实践性知识系统化和理论化	提供研修主题相关的理论支持，提供教师实践性知识体系框架构建工具、答疑咨询等
	完善实践性知识体系		
	评选优秀团队作品	评选优秀团队作品，起活动示范作用	反馈评价、活动管理与监控

续表

活动类型	典型活动	活动作用	助学服务
助学活动	设计活动支持工具 答疑咨询 反馈评价	支持团队按照活动设计目标高质高效地完成研修活动任务	
	再生资源的回收与加工	收集研修过程中的再生资源,为形成新的案例等学习资源奠定基础	
	活动管理与监控	保证研修人员按照活动设计进程高质高效地完成研修活动	
	理论支持	指导教师构建自己的实践性知识体系框架	

上述三类抽象概括活动可作为抽象概括活动设计的参考。表2-13虽然不可能囊括所有的活动设计,但是可以起到抛砖引玉的作用,您可以在自己的活动设计中,对上述活动进行不同的组合,形成符合您要求的新活动。

·抽象概括阶段活动支持工具·

在抽象概括阶段的教师研修活动中,助学者设计了多种活动支持工具,其中主要的有:具体经验归纳工具、团队具体经验抽象概括工具和教师的实践性知识体系框架构建工具,如表2-14～表2-16所示。

表 2-14 具体经验归纳表

归纳者姓名/归纳团队		归纳日期	
主　题			
经验认识程度	具体经验第一维度	具体经验第二维度	具体经验阐释
我所掌握的	主题 1	主题 1.1.1	1. 掌握的具体经验内容 2. 用课堂事件叙事解释
		……	……
	……	……	……
	主题 n	主题 1.n.1	1. 掌握的具体经验内容 2. 用课堂事件叙事解释
		……	……
我思考过的	主题 1	主题 2.1.1	1. 思考过的问题 2. 思考过的问题解决策略
		……	……
	……	……	……
	主题 m	主题 2.m.1	1. 思考过的问题 2. 思考过的问题解决策略
		……	……
我所期望的	主题 1	主题 3.1.1	我期望解决的问题
		……	……
	……	……	……
	主题 k	主题 3.k.1	我期望解决的问题
		……	……

表 2-14 所示的具体经验归纳表，可用于个人或团队的具体经验归纳。该工具从我所掌握的、我思考过的和我所期望的三个维度，帮助教师归纳教师个人反思后的具体经验，以及团队反思性观察后所获取或希

望获取的具体经验。

表2-15 团队具体经验抽象概括表

团 队		日 期		
主 题				
经验认识程度	具体经验第一层	具体经验第二层	具体经验描述	核心概念
我所掌握的	主题1	主题1.1.1	1. 掌握的具体经验内容 2. 用课堂事件叙事解释	
		……	……	
	……	……	……	
	主题n	主题1.n.1	1. 掌握的具体经验内容 2. 用课堂事件叙事解释	
		……	……	
我思考过的	主题1	主题2.1.1	1. 思考过的问题 2. 思考过的问题解决策略	
		……	……	
	……	……	……	
	主题m	主题2.m.1	1. 思考过的问题 2. 思考过的问题解决策略	
		……	……	
我所期望的	主题1	主题3.1.1	我期望解决的问题	
		……	……	
	……			
	主题k	主题3.k.1	我期望解决的问题	
		……	……	

在对团队具体经验进行归纳、整理后，需要将具有共性的具体经验碎片进行抽象概括，使之成为更完善和进一步抽象的具体经验，然后对

经过抽象概括的具体经验，根据其核心意义，为之命名一个核心概念，使之得到抽象概念化。该工具的引导有效地促进了教师获得的具体经验向抽象概念化方向发生实质性的转变。

表 2-16　教师的实践性知识体系框架构建工具

实践性知识层 1	实践性知识层 2	实践性知识层 3	核心概念	认识程度（"3"代表"我所掌握的""2"代表"我思考过的""1"代表"我所期望的"）
主题 1	主题 1.1	主题 1.1.1		
		……		
		主题 1.1.a		
	……	……		
	主题 1.n	主题 1.n.1		
		……		
		主题 1.n.b		
主题 2	主题 2.1	主题 2.1.1		
		……		
		主题 2.1.c		
	……	……		
	主题 2.m	主题 2.m.1		
		……		
		主题 2.m.d		
……	……	……		

教师的实践性知识体系框架的构建需要专家和助学者的指导，才能使一线教师顺利完成这一难度较大的研修阶段。一方面，助学者需要给予相关主题的理论指导，完成自上向下的实践性知识的总体框架的建立；另一方面，根据教师的经验积累，填写实践性知识核心概念。需要

说明的是：①教师对实践性知识的认识程度属性值为0～3，其中，教师从未期望了解的实践性知识属性值为0，为默认值；"我所掌握的"实践性知识属性值为3；"我思考过的"实践性知识属性值为2；"我所期望的"实践性知识属性值为1。②实践性知识划分层级数应根据具体主题的实践性知识划分粒度决定。

活动设计

抽象概括阶段活动设计练习

请根据您正在使用的教师网络研修支撑平台的特点与相应的功能模块，设计一个"抽象概括团队研讨"活动。要求该活动采用混合式活动方式，既要有线下的面对面团队活动，也要有基于教师网络研修支撑平台的线上活动。目标包括：①归纳和整理团队在本轮教师经验学习圈中所获取的、经过反思性观察的具体经验；②填写具体经验归纳表；③团队内部对具体经验归纳表进行讨论、确认；④团队成员对具体经验归纳表中的具体经验进行抽象概括；⑤填写具体经验抽象概括表；⑥在专家的指导下，团队建立某一研修主题的教师实践性知识体系框架；⑦通过表格或概念图的形式对团队的实践性知识体系进行表征。要求您将活动的设计流程和设计原则等内容填入表2-17中。

表 2-17　抽象概括阶段活动设计表

活动名称	抽象概括团队研讨活动	设计者姓名	
线下活动流程图		线上活动流程图	
总结出您认为最重要的三个活动设计原则			
原则一：			
原则二：			
原则三：			

◆ 专家讲座 ---

积极实践阶段活动设计方法

·理解教师对实践性知识的积极实践·

在经验学习圈中，积极实践阶段属于经验改造维度，如图2-4所示。学习者在该阶段将采用实践的方式，在新的情境中主动应用抽象概括的知识，对情境中发生的过程进行干预。其目的在于：①检验抽象概括阶段成果的正确性；②学习者将获得的经验转换为个体的新的实践性知识；③在新的情境体验中创造新的具体经验。

教师的积极实践活动是将抽象概括阶段获得的抽象概念化的教学实践性知识主动应用于新的课堂教学情境，对于教师实践性知识的发展具有以下促进作用：

首先，教师的积极实践活动让实践性知识主动回归课堂，干预和解决真实课堂中的问题，使实践性知识的教学指导意义通过实际课堂教学得到体现；

其次，教师的积极实践活动通过真实课堂的教学实践，检验在抽象概括阶段抽象概括出的实践性知识的正确性；

最后，教师的积极实践活动使教师的实践性知识在应用于真实课堂教学过程中产生新的问题，在教师解决新问题过程中积累新的具体经验，从而促进了教师的实践性知识的丰富和完善。

教师的积极实践活动对于教师专业成长的作用有以下两个方面：

第一，教师的积极实践活动使教师将所获得的实践性知识通过教学设计、教学组织和实施应用于新的课堂教学中，教师在解决课堂教学问题的同时，促进知识内化。

第二，教师的积极实践活动使教师有意识地运用所获得的经验和知识进行教学实践，有利于教师改进自己的教学行为。

以反思性实践为特征的积极实践活动作为教师经验学习圈中的最后一个环节，还对下一轮教师经验学习圈具有承上启下的作用。一方面，教师的积极实践活动使教师在新的教学情境中又经历了一个具体经验的获取过程，教师所获取的具体经验可以使教师进行新的反思性观察活动；另一方面，教师在积极实践活动可基于抽象概括阶段所构建的某个研修主题的实践性知识体系，利用科学的决策方法，确定教师在研修主题上重点要积累和提升哪个方面的经验，从而使教师能够为下一轮教师经验学习圈的活动计划提供依据，促进教师网络研修活动的可持续发展。

·积极实践阶段活动设计目标·

教师的积极实践活动是知识应用和检验的过程。教师在新的情境中需要有意识地、主动地将抽象概括阶段提炼的实践性知识运用于课堂教学，从而达到检验、内化和改进实践性知识的目的。

积极实践阶段的活动设计目标包括以下两个方面：

第一，检验和完善教师实践性知识。

教师在设计和实施一节新课时，能够主动地、灵活地运用抽象概括阶段所提炼的实践性知识，解决课堂中的教学问题，达到检验、内化和发展实践性知识，改进教师教学行为的目的。

第二，开启下一轮教师经验学习圈。

教师在积极实践阶段所进行的教学体验和观察活动，使教师能够获取新的具体经验，成为新的反思起点，实际上成为了开启下一轮经验学习圈的"扳机"。为了帮助教师网络研修团队能够有计划、有步骤地持续进行下一轮经验研修活动，可以采用一定的决策方法确定下一轮团队研修任务计划。

·积极实践阶段的活动设计流程·

根据积极实践阶段活动设计的两大目标，该阶段的活动设计仍然需要聚焦于教师个人活动设计、团队活动设计和助学活动设计三个维度上，如图2-8所示。

图2-8表明，在积极实践阶段的活动设计流程中，由一名授课教师上一节研究课，授课教师在教学设计和实施中，要有意识地运用所抽象概括的实践性知识。在教师的个人活动中，除了教师授课活动外，还包括每个团队成员作为观察者，从不同视角，运用定性和定量的方法进行课堂观察和分析。课堂观察使教师感受课堂中新的具体经验，也为教师课后反思提供依据。在团队活动中，一方面，对教师新的研究课进行集体研讨，对新的研究课中运用抽象概括的实践性知识（我所掌握的）和思考的问题解决策略（我思考过的）所产生的效果进行分析。另一方面，团队成员帮助授课教师将具体经验获取阶段所上的研究课，与本阶段的研究课进行对比（所选择的授课教师要求在具体经验获取阶段也上过同课

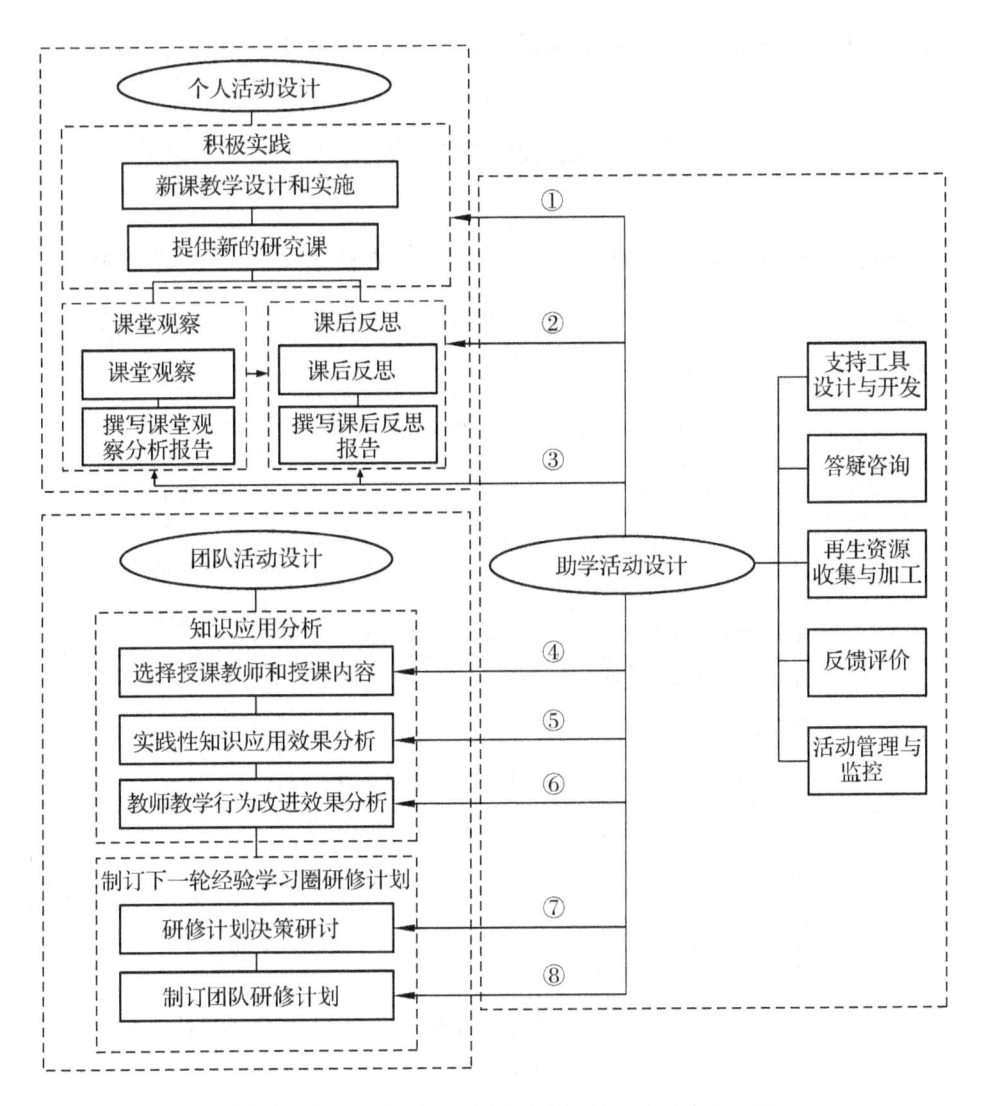

图 2-8 教师网络研修积极实践阶段的活动设计流程图

型的研究课），从而对教师的教学行为改进效果进行分析和评价。助学者通过支持工具的设计与开发、答疑咨询、再生资源收集与加工、反馈评价和活动管理与监控为个人研修活动提供图 2-8 中①②③三种支持服务和为团队研修活动提供图 2-8 中④⑤⑥⑦⑧五种支持服务，上述支持

71

服务包含了对教师积极实践活动的人际支持、学术支持和认知支持。

·积极实践阶段活动分类·

按照积极实践阶段的研修者粒度和角色进行划分,可以将该阶段的活动分为:个人研修活动、团队研修活动和助学活动三类,如表2-18所示。

表2-18 积极实践阶段研修活动分类

活动类型	典型活动	活动作用	助学服务
个人研修活动	教学设计和讲授新课	促进教师主动运用所获取的实践性知识于教学实践中感知新的具体经验;为课后反思提供依据	提供活动的支持服务,包括提供课堂观察工具、课后反思工具等,答疑咨询、再生资源的回收与加工、反馈评价、活动管理与监控等
	课堂观察活动		
	撰写课堂观察分析报告		
	授课教师的课后反思	促进教师理性思考实践性知识的应用效果;对新获取的具体经验进行再认识	
	观察者的课后反思		
	撰写个人课后反思报告		
	评选优秀课堂观察分析报告	评选优秀个人作品,起活动示范作用	反馈评价、活动管理与监控
	评选优秀课后反思报告		
团队研修活动	新的研究课的研讨活动	实践性知识应用效果的评价	提供团队研修支持服务,包括支持工具、答疑咨询、再生资源的回收与加工、反馈评价、活动管理与监控等
	教师所提供的新旧课堂对比研究活动	教师教学行为改进效果的评价	
	评选优秀团队作品	评选优秀团队作品,起活动示范作用	反馈评价、活动管理与监控

模块二　教师网络研修活动设计方法与技术

续表

活动类型	典型活动	活动作用	助学服务
助学活动	设计活动支持工具 答疑咨询 反馈评价	支持团队按照活动设计目标高质高效地完成研修活动任务	
	再生资源的回收与加工	收集研修过程中的再生资源，为形成新的案例等学习资源奠定基础	
	活动管理与监控	保证研修人员按照活动设计进程高质高效地完成研修活动	

上述三类积极实践活动可作为积极实践活动设计的参考。表 2-18 虽然不可能囊括所有的活动设计，但是可以起到抛砖引玉的作用，您可以在自己的活动设计中，对上述活动进行不同的组合，形成符合您特殊要求的新活动。

·积极实践阶段活动支持工具·

在积极实践阶段的研修活动中，助学者设计了多种活动支持工具，其中，课堂观察分析系列工具可参见本系列培训教材中的《课堂观察方法与技术》一书。在这里主要介绍课堂实践性知识应用效果分析工具和研修计划决策工具。

表 2-19 课堂实践性知识应用效果分析工具

研修团队			授课教师	
请借助抽象概括阶段所形成的实践性知识框架及授课教师课堂观察分析结果,对授课教师积极实践活动进行总结				
从授课教师课堂观察结果看,授课教师运用了哪些实践性知识?				
实践性知识框架中"我所掌握的"实践性知识的应用效果				
课堂中应用的"我所掌握的"知识			"我所掌握的"知识应用效果及原因分析	
①			①	
②			②	
③			③	
实践性知识框架中"我所掌握的"实践性知识的完善建议				
课堂中应用的"我所掌握的"知识		完善	"我所掌握的"实践性知识完善建议	
①		→	①	
②		→	②	
③		→	③	
实践性知识框架中"我思考过的"问题和解决策略的进一步研究				
在课堂中出现的"我思考过的"问题及解决策略			"我思考过的"问题解决策略在课堂实施的效果及分析	
①		→	①	
②		→	②	
③		→	③	

表 2-19 表明,课堂实践性知识应用效果分析工具引导教师团队对团队成员上的一节新的研究课进行以下方面的研讨:①所抽象概括的实践性知识在课堂中的应用效果;②对"我所掌握的"实践性知识提出完善建议;③对"我思考过的"问题和解决策略的运用情况进行分析。

·研修计划决策工具——肯特模型·

在教师网络研修团队经历了经验学习圈的四个阶段的活动后,需要为新一轮教师经验学习圈制订研修活动计划。肯特模型(又称 KT 决策法)是教师网络研修团队制订下一步研修计划的有力工具。肯特模型对于我们面对的问题有三种思考和处理问题方法:问题分析(PA)、决策分析(DA)和潜在问题分析(PPA),如图 2-9 所示。

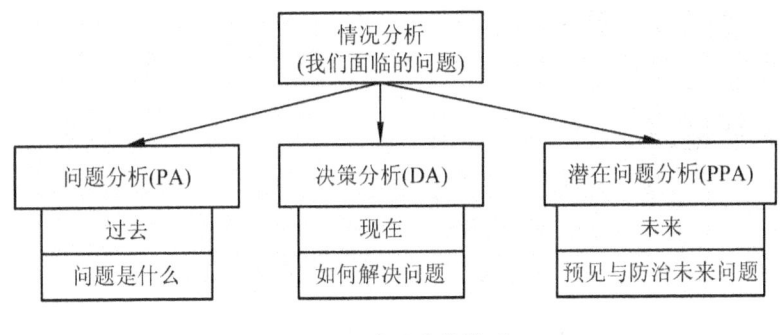

图 2-9 肯特决策模型

决定思考和处理问题的方法是:考虑问题的时间紧迫性、发展趋势和产生的影响,如表 2-20 所示。

表 2-20 肯特模型对问题按照时间、趋势和影响排序

问 题	时 间	趋 势	影 响	方 法
1	高	高	高	DA
2	低	低	中	PA
3	高	高	高	DA
4	中	高	高	DA/PPA
5	中	中	高	PPA

当确定了问题思考和处理方法后，就确定了解决一系列问题的顺序。

因此，肯特模型决策步骤如下：

第一步，确认问题，即确认有无问题及问题在哪里；

第二步，问题诊断，即界定问题；

第三步，在客观的基础上对各项指标配以权重，逐一排序（如高、中、低）；

第四步，计算各问题的加权分值，即可确定哪些是必须抓紧解决的问题、哪些是暂缓解决的问题。

活动设计

积极实践阶段活动设计练习

请根据您正在使用的教师网络研修支撑平台的特点与相应的功能模块，设计一个"积极实践团队研修"活动。要求该活动采用混合式活动方式，既要有线下的面对面团队活动，也要有基于教师网络研修支撑平台的线上活动。目标包括：①召开团队会，确定一名成员上一节新的研究课，以及确定其他成员课堂观察的视角和方法；②上研究课，课堂观察及撰写课堂观察分析报告；③个人课后反思和团队课后集体反思，对该研究课应用抽象概括的实践性知识的效果进行分析和总结；④填写课堂实践性知识应用效果分析报告。要求您将活动的设计流程和设计原则等内容填入表2-21中。

表 2-21　积极实践阶段活动设计表

活动名称	积极实践团队研修活动	设计者姓名	
线下活动流程图		线上活动流程图	
总结出您认为最重要的三个活动设计原则			
原则一：				
原则二：				
原则三：				

模块三 教师网络研修活动的实施策略

建议时间：8小时	
说明	
本模块通过五个专家讲座及五个活动实施的案例剖析，介绍了基于教师经验学习圈的四个阶段的教师网络校本研修活动以及预备阶段活动的实施策略，并通过具体案例剖析和策略分析，使您对本模块的内容有更直观的掌握和理解	
核心概念	
教师网络研修活动　教师经验学习圈　活动实施策略　案例剖析	
活动	**主要作品**
专家讲座 案例剖析 策略分析	表 3-2　预备阶段活动的关键实施策略分析表 表 3-4　具体经验获取阶段活动的关键实施策略分析表 表 3-6　反思性观察阶段活动的关键实施策略分析表 表 3-8　抽象概括阶段活动的关键实施策略分析表 表 3-10　积极实践阶段活动的关键实施策略分析表

学习导入

有了完善的教师网络研修活动设计,不等于活动能够有效实施,因为在活动实施过程中要应对各种情境对活动执行过程的影响,这就导致即使活动设计环节相同,活动实施效果也可能相差甚远。因此,无论采用什么样的教师网络研修活动设计,要确保教师网络研修活动能够达到预期的目标,都需要根据研修情境特点,制定相应的实施策略和方法。所谓策略,是指可以实现目标的方案集合。根据教师网络研修活动的两大目标,即教师实践性知识的增长与教学实践行为的改进,其实施策略又可以分解为四个基本子策略:组织策略、知识转换策略、资源流通策略和调节策略。这四个实施策略与教师网络研修系统中的四个子系统(分配子系统、生产子系统、消费子系统和交换子系统)密切相关,它们可以有效地保障四个子系统之间的协同工作与教师网络研修活动的顺利实施。

本模块将针对教师网络校本研修的预备活动、具体经验获取、反思性观察、抽象概括和积极实践五个研修阶段的四种基本实施策略与方法进行阐述,并通过一位教师参与教师在线实践社区 COP 网络研修活动的实际体验为典型案例,为您剖析四种实施策略在不同的教师网络研修活动阶段中的实际运用。

专家讲座

教师网络研修预备阶段活动的实施策略

预备阶段活动的目标有四个:①建立教师网络研修团队,形成教师交往环境;②教师掌握信息技术环境下的研修技能;③建立教师网络研修团队规范；④建立教师电子档案袋。根据这四个研修活动目标，总结出预备阶段活动的实施策略，如表3-1所示。

表3-1 预备阶段活动的实施策略表

实施策略名称	实施策略内容		
	针对助学者活动	针对个人活动	针对团队活动
组织策略	• 以团队建设支持者和组织者的角色为正在形成的校本研修团队提供组织上的支持服务 • 以团队成员之间的差异作为资源，做好人际沟通的中介人角色 • 以目标导向策略引领团队的制度建设和文化建设	• 以学习者和协同工作者的角色加入校本研修团队 • 依团队中的协作学习目标确定个人学习活动的任务 • 以团队发展规划为个人发展的导向	• 以团队内的角色划分与责任分工为核心任务，任命或选举团队负责人和团队秘书等管理角色，初步实现校本研修团队的结构 • 以校本研修的目标和要解决的实际校本问题为团队的共同愿景 • 以团队成员的共同利益为基础制定团队的学习规范
知识转换策略	• 以知识社会化为知识转换目标 • 采用社会化知识管理策略。个人是隐性知识的载体，强调隐性知识与隐性知识的相互作用而产生新的隐性知识，即通过团队内部活动和团队间的活动来体验、传递共享的隐性知识		
资源流通策略	• 以团队内部的个人间资源流通构建局部小循环资源流通圈 • 以团队之间的资源流通构建整体大循环资源流通圈		
调节策略	• 个人、团队和助学者均制订各自的活动计划，并均实行PDCA［计划（Plan）—执行（Do）—检查（Check）—行动（Action）］目标管理调节策略		
	• 助学者要引入激励与竞争机制，对在规定时间内完成预备阶段活动任务的团队给予大力表扬，对于团队推荐的优秀个人给予表彰	• 参加研修的教师以时间管理的积分法则为时间管理策略，将整段时间区域用于参加团队活动，将零碎时间用于个人学习活动	• 校本研修团队内部要引入知识贡献率激励机制，按照知识贡献率向助学者推荐团队优秀个人

团队建设是预备阶段活动的核心。建设一个成功的校本研修团队，必须首先进行团队定位。团队定位和团队目标是紧密联系在一起的，团队目标决定了团队的定位（孙健敏和王青，2004）。在预备阶段的研修活动中，首要问题是校本研修团队的目标定位。研修团队的目标定位既要注重研修教师个人发展及其所在团队发展的双赢，又要促进校本研修团队文化及其所在学校文化的双向融合，使校本研修团队在学校文化的大氛围中创建和谐的团队文化，实现校本研修团队与学校的双向互补、协同发展，为校本研修团队的顺利发展奠定重要的基础。

助学者是预备阶段活动的组织者与管理者。参与研修的教师不仅仅是学习者，同时也是知识转换与资源流通的源泉，更是知识转换与资源流通的源源不断的动力；同时，一部分先进的或专家型研修教师也会不自觉地扮演助学者的角色，为其他研修教师提供学术支持服务和人际支持服务等。校本研修团队负责人肩负着团队的管理者角色，团队的凝聚力与研修氛围的形成是预备阶段活动的标志性成果之一。

案例剖析

案例 3-1　充分的准备是成功的开始

> 本案例的主人公凌老师是一名来自广西省百色市田阳县一所农村中学的新手教师，仅有两年教龄。凌老师用教育叙事的方法记录了她所参加的第一次网络校本研修的预备阶段活动的亲身经历。为了帮助您更好地进行案例剖析，在此案例叙述的基础上，我们以表格的形式将预备阶段活动的实施策略进行了标注。

·案例背景·

我是一名参加工作两年的新手教师。2012年5月底,学校通知我们两周以后要作为学校选拔出来的拓展教师参加为期三年的"广西初中校本研修一体化项目"的网络校本研修。虽然校长给我们召开了校本研修团队的动员会,但我对网络校本研修依然是懵懵懂懂。我想,它大概与我从其他老师那里听到的远程培训没有什么区别。由于我们学校的许多老师对远程培训都有很多的抱怨,所以,我一开始从思想上并没有认识到这次网络校本研修会对我有什么积极的影响。

·预备阶段活动记录·

案例内容	主要实施策略分析
在预备阶段活动刚刚启动的第一天,我就收到了助学者发来的手机短信,详细地告诉我如何登录教师网络研修支撑平台、平台中的几个基本功能及预备阶段的活动任务与目标。 　　刚登录教师网络研修支撑平台,映入我眼帘的就是预备阶段活动的两大任务:新人报到和团队召集帖。我非常喜欢这种人性化的氛围,随即就到新人报到处进行了报到。我上传了我的照片,介绍了我的姓名、教龄、任教学科及所在的学校等。我也认真浏览了比我早一步报到的其他教师的新人报到帖,发现来这个平台上学习的老师不仅有我这样的新手教师,还有一大批成熟型教师和骨干教师;	组织策略:目标导向策略

续表

案例内容	主要实施策略分析
不仅有我们县的教师，还有来自其他县的教师。我想，这样的组织方式对我这个新手教师来说太有吸引力了，我可以向这些比我资历更深、更有经验的老师们学习。于是，我把想法发了个帖子，表示我想向有经验的老师学习。 　　这个帖子发表不到 20 分钟，助学者就首先回应了我的帖子。助学者李爽回帖道："凌老师，您好！我是负责您所在学校的工作室主任。非常高兴看到您表达了您参加网络校本研修的愿景，为了帮助您寻找到更适合您的且经验丰富的教师与您形成同侪互助小组，不知道您能否把您的愿望写得更为详细、具体一些？" 　　看到助学者的回帖，我立即就把心中更详细的想法写了出来，并发表到平台上："李爽主任，您好！很高兴您能这么快就给我反馈和响应。我是一名新手教师，这学期学校安排我带初中三年级的数学课，我最想学习的就是如何高质高效地教好初中三年级的数学复习课。" 　　助学者李爽立即回帖道："好的，我会尽快帮您找到合适的同侪互助小组。接下来，请您到团队召集帖中，找到你们学校的召集帖并给您所在的校本研修团队负责人回帖、报到吧。" 　　这太让我吃惊了！我没有想到的是，这个我以为"冷冰冰"的平台竟然能够让我感受到人际交流的乐趣与被关怀、被关注的温暖！ 　　当进入我们学校校本研修团队的召集帖后发现，作为校本研修团队的负责人，我们学校的韦主任早就在这里"恭候大家"了。我赶紧向韦主任和其他已经上线的老师们报到，并随后参加了韦主任主持的第一次校本研修团队会。我们首先从平台上下载了助学者提供的首次校本研修团队会的会议议程表，然后我们团队的 11 名教师按照会议议程表，非常认真地讨论了我们的校本研修的目标和要解决的实际的校本问题。经过大家的热烈讨论，最后我们一致同意以	组织策略：助学者充当了人际沟通的中介角色。 知识转换策略：采用社会化知识管理策略，让参加研修的教师明确、详细地表达自己的研修愿景

续表

案例内容	主要实施策略分析
提高课堂教学有效性作为我们要解决的实际校本问题，这也是我们此次参加校本研修的目标。在这次会议上，我还被大家推举为我们学校校本研修团队的秘书。 我们还按照会议议程表商定了团队的学习规范：①每位成员保证每天在平台上学习不少于30分钟；②每周五的15：30为校本研修团队会时间，所有成员必须准时参加会议；③每次会议纪要将由校本研修团队会秘书于会议次日整理好后发给各位成员作为备忘录；④每次团队的研修任务要经过团队会分工后由大家分头完成，并最后在团队会上进行合作，共同完成。 接下来，我们尝试通过分工合作完成第一个团队任务：创建团队文化基础。韦主任将这个任务分解为设计团队Logo和撰写团队口号，并将我们所有成员分为两组。美术功底比较好的老师们为一组，大家开始设计团队Logo，其他老师则在一起研讨如何撰写一个朗朗上口的团队口号。覃老师提出，这次校本研修与以往的远程培训非常不同，特别强调团队学习，为此，"合作"二字应该作为我们设计团队文化基础的关键词。我根据大家的热议，大胆提出，"发展"二字也应该作为此次网络校本研修的关键词，因为校本研修的最终目的是促进我们教师的专业发展。我的提议得到了所有老师的赞扬和肯定。于是，我们将团队口号确定为：合作、发展。负责设计Logo小组的老师们，在得到我们设计的团队口号后表示非常赞同。随后，胡老师提出Logo中一定要出现手拉手的图像，因为手拉手可以表示合作，而且此次参加校本研修的老师们来自我们学校的四个学科，因此应该用四只伸出的手掌代表合作发展。根据这一建议，小洪老师立即从图片资源库中找出了一个类似的图片，经过几位老师的修改和拼图，终于完成了我们团队的Logo。请看，这就是我们的Logo！	组织策略：以校本研修的目标和要解决的实际校本问题为团队的共同愿景；以团队成员的共同利益为基础制定团队的学习规范 知识转换策略：采用社会化知识管理策略，初步形成新的隐性知识——基于团队愿景的价值观 调节策略：任务分配与管理

续表

案例内容	主要实施策略分析
我们怀着愉悦的心情完成了团队建设的初步工作后，就在平台上上交了我们的团队工作成果。我们 11 名老师虽然来自不同的学科和教研组，却通过这一工作逐渐熟悉起来，大家开始对这个刚刚组建的团队有了一种归属感。 几天过去了，平台上开始评选预备阶段活动的优秀校本研修团队。经过大家的投票以及助学者们的评选，最终，我们团队获得了预备阶段的优秀校本研修团队称号！当大家得知这个好消息后，都激动得大声欢呼起来。 我们通过浏览其他优秀团队的工作成果后发现，其实我们团队的 Logo 设计得不算是最好的，有一些优秀团队的设计理念、设计方法与技巧，以及美术功底等都要远远高于我们的水平。于是，我们每个人都暗下决心，要在下一阶段的校本研修活动中不断地超越自己。 这时候，助学者李爽通过 QQ 联系了我。她告诉我，已经帮我找到了同样教初中三年级的两位其他学校的老师，一位是来自我们县重点中学的具有 25 年教龄的成熟型教师唐老师，另一位是来自另一个县的具有 10 年教龄的骨干教师陈老师。李爽还在教师网络研修支撑平台上为我们搭建了一个同侪互助小组的空间，方便我们三人能够经常在一起讨论问题，分享彼此的经验。哈哈，我在教师网络研修支撑平台上也有了属于自己的"小窝"啦！ 至此，我已经发现，这不正是我梦寐以求的校本研修的模式嘛！我一定要充分利用这么好的条件，一定好好珍惜此次校本研修的机会，不辜负学校领导对我的期望，实现我做一名优秀教师的梦想！	知识转换策略：采用社会化知识管理策略，分享、交流成员们的隐性知识 资源流通策略：以团队内部的个人间资源流通，初步形成了局部小循环资源流通圈 调节策略：运用激励与竞争机制 资源流通策略：以团队之间的资源流通构建整体大循环资源流通圈 组织策略：助学者以团队成员之间的差异作为资源，做好人际沟通的中介人角色

策略分析

预备阶段活动的关键实施策略分析

请您根据案例 3-1，选出您认为该案例中保证预备阶段活动取得成功的三个最关键的实施策略，并进行简要分析。请将分析结果填入表 3-2 中。

表 3-2 预备阶段活动的关键实施策略分析表

关键策略	策略分析
1.	
2.	
3.	

> 专家讲座

具体经验获取阶段的活动实施策略

具体经验获取阶段的活动目标有两个：①捕获、感知教师的具体经验，即使参与研修的教师个体及团队获得新的隐性知识；②领悟、抽象教师的具体经验，即通过知识外化，使隐性知识向显性知识发生转化。根据这两个研修活动目标，总结出具体经验获取阶段的实施策略，如表3-3所示。

表3-3 具体经验获取阶段的实施策略表

实施策略名称	实施策略内容		
	针对助学者活动	针对个人活动	针对团队活动
组织策略	• 以团队建设支持者和组织者的角色为初步形成的校本研修团队提供组织上的支持服务 • 以团队成员之间的差异作为资源，做好人际沟通的中介人角色 • 以目标导向策略引领团队巩固、完善制度建设和文化建设	• 以学习者和协同工作者的角色加入校本研修团队 • 依团队中的协作学习目标确定个人学习活动的任务 • 以团队发展规划为个人发展的导向	• 以团队内的角色划分与责任分工为基础，形成较为稳定的校本研修团队结构 • 以校本研修的共同愿景为基础，建立伙伴关系，形成良好的团队氛围 • 以团队学习规范约束成员的个人学习

续表

实施策略名称	实施策略内容		
	针对助学者活动	针对个人活动	针对团队活动
知识转换策略	• 以知识社会化和外化为知识转换的两个目标 • 以社会化知识管理策略为核心，实现个人隐性知识向团队隐性知识的转化，实现将教师的隐性知识转化为显性知识，在强调个人隐性知识与团队隐性知识的相互作用而产生新的隐性知识的同时，注重利用高质量、可靠和快速的信息技术，发展电子文档系统，用于显性知识的编码、传送和存储		
资源流通策略	• 以团队内部的个人间资源流通构建局部小循环资源流通圈 • 以团队之间的资源流通构建整体大循环资源流通圈 • 加强建立小循环资源流通圈与大循环资源流通圈的多条通路，促进资源的进一步流通		
调节策略	• 个人、团队和助学者均制订各自的活动计划，并均实行 PDCA 目标管理调节策略 • 采用心理契约的 EAR[心理契约建立阶段(Establishing)，简称 E 阶段；调整阶段(Adjusting)，简称 A 阶段；实现阶段(Realization)，简称 R 阶段]循环，使每位参与研修的教师与团队之间建立起心理契约，并通过调整个人发展目标与团队成长目标，最终实现个人发展与团队成长双赢的、相互促进的、相互依赖的积极关系		

续表

实施策略名称	实施策略内容		
	针对助学者活动	针对个人活动	针对团队活动
调节策略	• 助学者要引入激励与竞争机制，对在规定时间内完成活动任务的团队给予大力表扬，对于团队推荐的优秀个人给予表彰 • 助学者引入评价和激励机制，专家团队和助学团队对个人和团队作品的质量进行评价，对优秀作品进行示范，并给予表彰	• 参加研修的教师以时间管理的积分法则为时间管理策略，将整段时间区域用于参加团队活动，将零碎时间用于个人学习活动	• 针对团队愿景刚刚形成，还未达到巩固和完善的情形，应采取主控模式进行团队管理，即团队管理者拥有比较高的集权，且以团队集体活动为主 • 校本研修团队内部要引入知识贡献率激励机制，按照知识贡献率向助学者推荐团队优秀个人

▶ 案例剖析

案例 3-2 具体经验获取给我插上了理想的翅膀

·案例背景·

我们仍然以案例 3-1 中的凌老师为案例的主人公，继续以凌老师的研修日志为视角，向您介绍凌老师所经历的网络校本研修的具体经验获取阶段的活动，及其在这一阶段中的各种实施策略。

·具体经验获取阶段活动记录·

案例内容	主要实施策略分析
预备阶段的成功结束,为我们团队顺利进入校本研修的具体经验获取阶段奠定了坚实的基础。两周下来,我们似乎已经开始适应每周五下午的团队会,适应了每天利用工作之余的零碎时间,登录平台上进行个人学习。为了继续争创优秀团队,我们团队中的每位老师都早已超过了规定的每天30分钟的网上个人学习时间。 具体经验获取是什么意思?怎么听起来那么的陌生?先下载一下助学者提供的学习支持工具吧!经过阅读助学者提供的学习支持工具,以及观看了项目首席专家王陆教授的视频课程,又跟助学者李爽进行了交流,我终于明白了!原来,具体经验获取就是让我们通过对团队中的某位老师的课堂教学进行定性与定量的课堂观察后,将被观察教师的课堂直接感受与我们个人的具体经验联结起来,寻求新的经验意义,并通过团队内的分享与交流、成员间的专业对话而形成团队内的乃至团队间的显性的经验型知识,从而丰富我们的课堂教学技能,提升我们的专业水平。 因为我个人很想观摩学习如何上好一节数学复习课,于是我就在韦主任召开的具体经验获取阶段的准备会上提出,能不能让我们团队成员观察我校覃老师的一节数学复习课。覃老师是我们学校数学教得最好的老师,而且这学期恰好他也教初中三年级,我一直都很想观摩他的课。韦主任首先肯定了我的提议,他说,我们这个学期的校本研修目标是提高课堂的有效性,覃老师的课不仅深受学生喜爱,而且学生的学习绩效一直很高,所以选择覃老师的课进行观	组织策略:以目标导向策略引领团队巩固、完善制度建设和文化建设 调节策略:采用心理契约的 EAR 循环,完成了 E 阶段

续表

案例内容	主要实施策略分析
摩,应该能够让我们学到覃老师在课堂教学中有关有效性的具体经验。我的提议也得到了所有团队成员的赞同,覃老师也愉快地接受了大家"委派"给他的任务。于是,韦主任再次主持了我们之间的分工。我们两人一组,按照课堂开放式观察、问题类型观察、课堂有效性提问、课堂对话方式和S-T结构观察五个维度进行了分工,每个小组做一个维度的观察。 为了更好地观察覃老师的课堂,我们团队的每位成员都认真学习了教师网络研修支撑平台上提供的《课堂观察方法与技术》的在线课程,并认真完成了个人学习活动作业。在遇到不懂或搞不清楚的问题时,我们都会得到助学者们的积极反馈与回应,这让我们一点儿都感觉不到助学者们其实与我们有千里之隔,我想,这就是网络研修的魅力所在吧!	组织策略:依团队中的协作学习目标确定个人学习活动的任务
终于盼来了集体观察覃老师课堂的这一天!我们校本研修团队的成员提前进入了教室。只见有的老师手里拿着事先准备好的记号体系观察表,有的老师手里拿着结构观察的S-T采样表或空白的课堂观察田野笔记表,有的老师则拿着秒表准备计数,一切准备就绪。 上课时间到了,只见覃老师镇定自若地走上讲台,开始了他生动、丰富的一节复习课。而我们也开始聚精会神、像模像样地做起了课堂观察。 …… 不知不觉中,下课铃响了。我们全体成员立即进入小会议室,召开了第一次课后反思会。韦主任作为这次课后反思会的主持人,而我作为秘书做会议记录。随着韦主任与覃老师的专业对话,一场有深度、有数据、有内容、有反思、有碰撞的课后反思会逐渐进入高潮。当我们五个观察小组汇报自己所观察到的定性或定量的数	

续表

案例内容	主要实施策略分析
据时，总是能引起共鸣。第一观察小组的田野观察发现，覃老师的课堂有三次不同粒度的合作学习活动，一次是同桌分享讨论，一次是四人小组学解难题，还有一次是全班学生的走动自由组合合作学习。原来，覃老师在复习课上运用了这么多的合作学习活动啊！第二观察小组的问题类型观察发现，覃老师的复习课中只有30%的是何类问题，而为何类问题占30%，如何类问题占30%，若何类问题占10%。其中，为何类问题和如何类问题所占的比例远远超出了助学者给出的复习课的问题类型分布常模。这一观察结果表明，覃老师的复习课非常重视学生原理性知识和策略性知识的获取！第三小组的课堂有效性提问的观察结果显示，覃老师的复习课中推理性问题、创造性问题和批判性问题的比重很大，且第四观察小组对课堂对话方式的观察结果显示，覃老师总是鼓励学生提出问题，使用小组讨论后汇报等对话方式，这无疑可以有效地培养学生独立思考和合作探究的能力，也发展学生发现问题和解决问题的能力。 通过我们对各种定性与定量数据的梳理不难发现，覃老师之所以教学效果好，其原因在于他通过精心设计的多项合作学习活动，能够充分以学生的观点来引领和发展课堂，真正做到了课堂的深度互动和学生高阶思维培养。 在此基础上，我们团队的全体成员认真完成了个人具体经验获取报告后，合作完成了团队具体经验获取报告。每个人都觉得这样的校本研修真的让我们受益良多！	知识转换策略：在课后反思会上，以社会化知识管理策略为核心，实现了个人隐性知识向团队隐性知识的转化，在基于定量与定性的观察结果的基础上，有效地将教师的隐性知识转化为显性知识，并利用了多种信息技术，将观察到的显性化的知识记录进多种电子文档，方便了在团队内的显性知识的编码、传送和存储

续表

案例内容	主要实施策略分析
这次不一样的课后反思对我的触动非常大。对照我自己的复习课,我发现自己的教学存在着太多的问题:我从未尝试过合作学习的方式;大部分问题类型都是是何类问题,很少有预设的不同层级、不同类型的问题;一般只叫举手的学生回答问题;上课时只考虑如何完成我备课时的预想进度,从未想过要以学生的观点引领和发展课堂……我真的需要发生改变!我要从覃老师以及团队成员那里学习更多的具体经验,要把团队成员当成我自己的老师,虚心向他们学习,改变自己枯燥乏味的课堂,提高与学生的对话质量,明确自己的角色,学会把课堂还给学生!我要从复习课的课堂改进做起,努力去实现成为一名优秀教师的梦想!	调节策略:实现了EAR循环的调整阶段,即A阶段

➡ 策略分析

具体经验获取阶段活动的关键实施策略分析

请您根据案例3-2,选出您认为该案例中保证具体经验获取阶段活动取得成功的三个最关键的实施策略,并进行简要分析。请将分析结果填入表3-4中。

表 3-4 具体经验获取阶段活动的关键实施策略分析表

关键策略	策略分析
1.	
2.	
3.	

专家讲座

反思性观察阶段的活动实施策略

反思性观察阶段的活动目标有两个：①使教师感知的具体经验得到理性提升，即使教师产生对课堂中教学方法、教学行为、教学策略等与教学结果关系有新的理性认识；②促进教师教学观念的转变和教学行为的改进。根据这两个研修活动目标，总结出反思性观察阶段的活动实施策略，如表 3-5 所示。

表 3-5 反思性观察阶段的实施策略表

实施策略名称	实施策略内容		
	针对助学者活动	针对个人活动	针对团队活动
组织策略	• 以团队建设支持者和组织者的角色为校本研修团队提供组织上的支持服务 • 以团队成员之间的差异作为资源，做好人际沟通的中介人角色 • 以目标导向策略引领团队巩固、完善制度建设和文化建设	• 以学习者和协同工作者的角色加入校本研修团队 • 依团队中的协作学习目标确定个人学习活动的任务 • 以团队发展规划为个人发展的导向	• 以团队内的角色划分与责任分工为基础，形成较为稳定的校本研修团队结构 • 以校本研修的共同愿景为基础，建立伙伴关系，形成良好的团队氛围 • 以团队学习规范约束成员的个人学习
知识转换策略	• 以隐性知识外显化、显性知识内化和新知识生成为知识转换的目标 • 通过组织知识管理策略捕获教师团队每位成员的知识，并将这些知识外显化，促进知识转化为团队的知识，实现知识共享 • 通过个人知识管理策略，实现个人隐性知识转化为显性知识，在对已有知识的梳理、对他人的知识吸收以及理性思考过程中，实现知识的内化和创生		
资源流通策略	• 以团队内部的个人间资源流通构建局部小循环资源流通圈 • 以团队之间的资源流通构建整体大循环资源流通圈 • 加强建立小循环资源流通圈与大循环资源流通圈的多条通路，促进资源的进一步流通		

续表

实施策略名称	实施策略内容		
	针对助学者活动	针对个人活动	针对团队活动
调节策略	• 个人、团队和助学者均制订各自的活动计划,并均实行 PDCA 目标管理调节策略 • 采用心理契约的 EAR 循环,使每位参与研修的教师与团队之间建立起心理契约,并通过调整个人发展目标与团队成长目标,最终实现个人发展与团队成长双赢的、相互促进的、相互依赖的积极关系		
	• 助学者要引入激励与竞争机制,对在规定时间内完成活动任务的团队给予大力表扬,对于团队推荐的优秀个人给予表彰 • 助学者引入评价和激励机制,专家团队和助学团队对个人和团队作品的质量进行评价,对优秀作品进行示范,并给予表彰	• 参加研修的教师以时间管理的积分法则为时间管理策略,将整段时间区域用于参加团队活动,将零碎时间用于个人学习活动	• "任务单"策略,力图将团队的边缘参与者转变为核心参与者 • 校本研修团队内部要引入知识贡献率激励机制,按照知识贡献率向助学者推荐团队优秀个人

案例剖析

案例 3-3 反思性观察活动让我不断超越自己

·案例背景·

我们仍然以案例 3-1 中的凌老师为案例的主人公,继续以凌老师的研修日志为视角,向您介绍凌老师所经历的网络校本研修的反思性观察阶段的活动,及其在这一阶段中的主要实施策略。

·反思性观察阶段活动记录·

案例内容	主要实施策略分析
具体经验获取阶段的成功结束,为我们团队顺利进入校本研修的反思性观察阶段奠定了基础。在具体经验获取阶段的八周时间里,我亲自观察了覃老师等四位老师的课堂,作为记录员参与了每场团队的课后反思会,覃老师的课后反思会是我第一次参加这样全方位的研究课研讨活动,感到很新鲜。我认真地记录了每位老师的精彩发言,生怕漏掉一些重要内容。作为新手教师,我希望能尽快像他们一样有理有据地表达自己的观点。从第二节研究课开始,韦主任要求我不仅要观察课堂,而且要积极参与研究课现场反思会的讨论。我既高兴又害怕,生怕说错了。出于这一顾虑,我一直没有主动发言,	调节策略:采用"任务单"策略,使团队边缘参与者逐渐成为核心成员,培育团队的反思文化

续表

案例内容	主要实施策略分析
成为了名副其实的边缘参与者。反思性观察阶段刚开始时，韦主任给我们校本研修团队的每位成员一张任务单，里边有一个我们团队在具体经验获取阶段获取的具体经验、一个集体反思会发言提纲和个人课后反思报告模板。韦主任说，每个人按照任务单反思具体经验，要采用头脑风暴法进行集体反思，每个人都要参照发言提纲发言，要消灭团队的边缘参与者。看来，我必须放下包袱，调整心态，迎接挑战。 我和校本研修团队的张老师、李老师和韦老师三位老师组成一组，按照任务单的要求，我们小组要对张老师的一节初中三年级数学课"证明、猜想和拓展"的小组合作学习活动有效性方面的具体经验进行反思。由于张老师这节课有课堂录像，于是，我建议将张老师这节课的视频录像放到网上，并邀请我的同侪互助小组的唐老师和陈老师一起参加我们的网上集体反思会。我的建议得到了三位老师的一致赞同，而唐老师和陈老师也欣然接受。大家都希望和外校老师交流、研讨，分享各自的经验，也希望体验网上研讨会的过程。于是，我们两个小组合并成六人小组，并决定在网上召开头脑风暴式的集体反思会。这次活动要求每个人先对具体经验进行个人反思，然后大家在每天的19：30—21：30进行集体反思。于是，除了留出集体反思会的时间，我抓住一切业余时间进行个人反思，为集体反思会做充分的准备。	资源流通策略：加强建立团队内小循环资源流通圈与团队间大循环资源流通圈的多条通路，促进资源的进一步流通 调节策略：时间分配与管理策略，将整段时间区域用于参加团队活动，将零碎时间用于个人学习活动 组织策略：依团队中的协作学习目标确定个人学习活动任务
第一天的网上集体反思会准时在19：30开始，我还邀请了助学者李爽主持我们的集体反思会。 助学者李爽对活动目标做了介绍，并宣布了活动规则。她说："这次反思会与具体经验获取阶段的现场反思会有很大区别，这不仅是因为反思会的环境有所不同，更重要的是这次反思要对具体经验获取阶段中所获取的具体经验进行进一步的反思。所以，大家要在个	组织策略：助学者以活动主持者身份为团队提供组织支持服务

续表

案例内容	主要实施策略分析
人课后反思的基础上，运用批判性反思方法探究所获取的新的具体经验与你们过去的教学经验和知识，与你们所掌握的教学理论的联系和区别，当然，全面的、多视角的课堂观察数据也是反思的重要依据。按照任务单要求，本组这次活动的目标就是在深入分析和研讨的基础上，重新认识在具体经验获取阶段中获取的张老师课堂中的小组合作学习活动的成功或失败的具体经验，挖掘活动背后更为深刻和有价值的新经验。这次活动的活动规则是：每位成员要依据个人反思成果轮流发言。"	
张老师首先对自己课堂小组合作学习活动效率问题的具体经验进行了质疑："针对我这节课在小组合作学习活动中，两个小组没有完成小组任务，而这两个小组的成员中恰恰没有数学尖子生的情形，在具体经验获取活动中大家得出提高小组合作学习效率的具体经验是进行异质分组，让数学成绩好的学生分散到各个小组，以解决合作学习效率问题。我经过课后深入思考，查阅了相关文献，发现这样的异制分组也有问题，它可能会导致一些学生游离于小组活动之外，不劳而获，而成绩好的学生则独揽小组全部工作，没有达到合作学习应达到的效果。"	知识转换策略：在集体反思会上，团队采用组织知识管理策略，捕获团队每位成员的知识，促进个人知识转化为团队的知识，实现知识共享
唐老师作为教龄最长的前辈，也发表了自己的观点："其实，课堂小组合作学习效率低的问题与小组分组方式是有关系的，小组内部异质分组确实能够使小组成员取长补短，有利于提高小组合作学习的效率，这也是小组合作学习的主要策略。但是，达到上述理想效果还需要有促进小组成员积极参与的策略和方法，例如，教师要开发合作学习工具，如导学案、任务单等，让小组成员都能通过思考发表自己的看法，甚至引起认知冲突，在辩论中澄清概念和问题解决方法。这些工具发挥了教师的引导作用。"	

续表

案例内容	主要实施策略分析
陈老师接着发言:"我从团队上传的这节课的团队课堂观察分析报告中发现,这节课是典型的学生活动为主的探究课,从 S-T 分析曲线看,学生的行为占有率很高,而且出现了许多纵向断层,如图所示,这说明教师在课堂上缺乏对学生的引导和干预。" 以我的小组合作学习经验看,要使小组合作学习活动效率有所提高,教师不能仅将自己角色定位为组织小组汇报,教师在合作学习活动中的及时干预和引导是非常重要的,这节课应该提高教师对课堂的指导和掌控。 我再次看了一遍自己的发言提纲,想到自己在个人反思中观看了助学者推荐的一节示范课,我也注意到在那节课中,教师利用导学案提高小组合作学习效率的策略,于是我鼓起勇气与大家分享:"我观看了一节小组合作学习的示范课,对比了这两节课的授课教师在小组合作学习准备方面的工作。示范课的授课教师通过在课前提供给学生导学案,让学生提前对小组合作学习任务进行思考,每个角色都有明确的任务,所以大大提高了课堂小组合作学习的效率,也使每个学生都能参与其中,因此,教师对小组合作学习的引导对提高小组合作学习的效率起着重要作用。"	

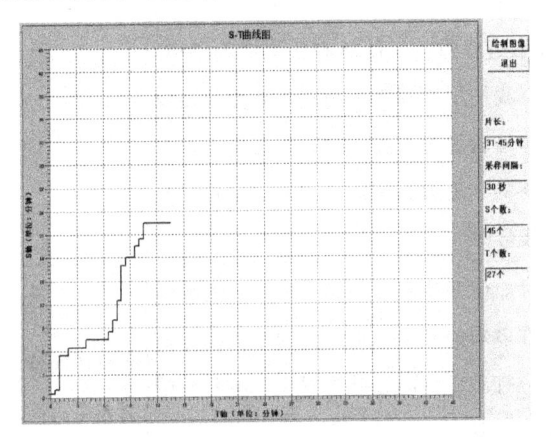

续表4

案例内容	主要实施策略分析
助学者李爽对我在反思中能够将不同课程进行比较、分析的作法给予了表扬，这使我更有信心成为团队活动的核心参与者。 …… 三天的头脑风暴式的在线集体反思，我一直处于兴奋和紧张状态，老师们的发言不断与我对小组合作学习的原有认识进行碰撞，甚至有时颠覆了我原有的认识。我们用批判反思的态度对如何高质高效地开展课堂合作学习的具体经验进行了深入讨论，每个人都对小组合作学习的具体经验有了新的和更加深刻的认识，这些新的具体经验被记录到团队课后反思报告中。	
这次在线集体反思会使我对如何开展课堂小组合作学习的教学观念有了很大的转变，获取了许多新的经验，更重要的是使我逐渐学会了如何更深入地反思教学，打破自己的思维局限性，不断超越自己。在两年的工作中，我也在课堂中组织过小组合作学习，积累了一些经验，通过这次个人反思和集体反思，我重新梳理了新的和过去的小组合作学习的经验，并通过对比分析、吸收内化，对课堂小组合作学习的有效性问题有了新的认识和理解。另外，我还有一个新的体会，通过在线发帖的形式与团队老师们进行专业对话时，由于发言前有更多的思考时间，所以我感到发言时更有信心。	知识转换策略：通过个人课后反思，在对已有知识的梳理、对他人的知识吸收以及理性思考，实现知识的内化和创生

◆ **策略分析** --

反思性观察阶段活动的关键实施策略分析

请您根据案例3-3，选出您认为该案例中保证反思性观察阶段活动取得成功的三个最关键的实施策略,并进行简要分析。请将分析结果填入表 3-6 中。

表 3-6 反思性观察阶段活动的关键实施策略分析表

关键策略	策略分析
1.	
2.	
3.	

▶ 专家讲座

抽象概括阶段的活动实施策略

抽象概括阶段的活动目标有两个:①归纳、抽象和提炼某一研修主题的实践性知识;②构建和表征教师的实践性知识体系框架,促进教师实践性知识得到系统化管理和向理论层面提升。根据这两个研修活动目标,抽象概括阶段的实施策略如表 3-7 所示。

表 3-7　抽象概括阶段的实施策略表

实施策略名称	实施策略内容		
	针对助学者活动	针对个人活动	针对团队活动
组织策略	• 以团队建设支持者和组织者的角色为校本研修团队培育发展提供组织上的支持服务 • 以团队成员之间的差异作为资源，做好人际沟通的中介人角色 • 以目标导向策略引领团队巩固、完善制度建设和文化建设	• 以学习者和协同工作者的角色加入校本研修团队 • 依团队中的协作学习目标确定个人学习活动的任务 • 以团队发展规划为个人发展的导向	• 以团队内的角色划分与责任分工为基础，形成较为稳定的校本研修团队结构 • 以校本研修的共同愿景为基础，建立伙伴关系，培育良好的团队氛围 • 以团队学习规范约束成员的个人学习
知识转换策略	• 以显性知识碎片的组合化、抽象概念化和系统化为知识转换的目标，促进教师的知识在理论层面的提升 • 以个人知识管理策略，使教师个人知识得到归纳、整理、编码化和显性化。以组织知识管理策略对团队内部与外部的有价值的知识碎片进行捕获、重组、综合、排序等抽象概括活动，实现知识的组合化和价值的提升 • 以"对事实进行静态描述概括""对事实进行综合概括"和"对行为进行动态概括"等事实生成概念的策略和知识系统化管理策略，实现显性知识的编码、传送和存储，以及知识的系统化表征，促进教师实践性知识的生成和发展，并使其得到最大范围的共享		

续表

实施策略名称	实施策略内容		
	针对助学者活动	针对个人活动	针对团队活动
资源流通策略	• 以团队内部的个人间资源流通构建局部小循环资源流通圈 • 以团队之间的资源流通构建整体大循环资源流通圈 • 加强建立小循环资源流通圈与大循环资源流通圈的多条通路，促进资源的进一步流通		
调节策略	• 个人、团队和助学者均制订各自的活动计划，并均实行 PDCA 目标管理调节策略 • 采用心理契约的 EAR 循环，使每位参与研修的教师与团队之间建立起心理契约，并通过调整个人发展目标与团队成长目标，最终实现个人发展与团队成长双赢的、相互促进的、相互依赖的积极关系		
	• 助学者要引入激励与竞争机制，对在规定时间内完成活动任务的团队给予大力表扬，对于团队推荐的优秀个人给予表彰 • 助学者引入评价和激励机制，专家团队与助学团队对个人与团队作品的质量进行评价，对优秀作品进行示范，并给予表彰	• 参加研修的教师以时间管理的积分法则为时间管理策略，将整段时间区域用于参加团队活动，将零碎时间用于个人学习活动	• 校本研修团队内部要引入知识贡献率激励机制，按照知识贡献率向助学者推荐团队优秀个人 • 针对新手教师（教龄三年以下）、学校重点培养的骨干教师（教龄三至十年）和成熟型教师（教龄十年以上）的不同专长和专业发展需要，在团队活动中引入个性化任务分工策略

案例剖析

案例 3-4　具体经验抽象概括活动让我向研究型教师迈进

·案例背景·

我们仍然以案例 3-1 中的凌老师为案例的主人公，继续以凌老师的研修日志为视角，向您介绍凌老师所经历的网络校本研修的抽象概括阶段的活动，及其在这一阶段中的主要实施策略。

·抽象概括阶段活动记录·

案例内容	主要实施策略分析
反思性观察阶段的成功结束，为我们团队顺利进入校本研修的抽象概括阶段奠定了基础。不过新的挑战接踵而来。助学者李爽在活动开始前进行了网上动员。她告诉我们："抽象概括阶段的活动要让教师学会如何把平时经过深入反思获取的非系统的具体经验碎片进行归纳、整理，并进行抽象概念化，最终形成自己的关于某个教学主题的实践性知识体系。抽象概括阶段虽然是教师专业发展过程中的一个"爬坡"阶段，但是它能促进教师的知识向理论层面发生质	个人知识管理策略：教师个人知识得到归纳、整理、编码化和显性化

模块三　教师网络研修活动的实施策略

续表

案例内容	主要实施策略分析
的提升。一个专家型教师不仅要有丰富的教学经验，还要具备研究型教师的素质，他们必须具备将自己平时积累的经验和知识抽象概括，形成自己的关于如何教和如何学理论的研究能力。今天我们就开始向这个方向努力。"面对新的挑战，我们既紧张又兴奋。韦主任组织校本研修团队成员研究如何组织这一活动，最后大家一致决定，仍然按照反思性观察阶段的小组划分方式，针对课堂的有效性问题，每个小组选择一个研修主题，进行相关具体经验抽象概括的活动。 张老师、李老师、韦老师和我组成的四人小组又一次邀请到了唐老师和陈老师参与我们小组的抽象概括活动。我们一致同意以"小组合作学习活动"的具体经验为抽象概括对象。确定了活动目标后，按照助学者李爽的指导，我们首先将开展个人具体经验归纳活动，作为小组具体经验归纳的基础。	资源流通策略：以团队之间的资源流通构建整体大循环资源流通圈；以团队内部个人资源间流通构建局部小循环的资源流通 组织策略：依团队中的协作学习目标确定个人学习的活动任务
活动的第一步：个人具体经验归纳 我在网上下载了助学者为我们提供的个人具体经验归纳工具。按照这个工具，我又一次回顾了自己的课堂小组合作学习的具体经验，最后以我所掌握的、我思考过的和我所期望的三个维度，对课堂小组合作学习的具体经验进行了归纳。	
一周后，我们六位教师都上传了自己的具体经验归纳表，大家惊奇地发现，唐老师的具体经验最为丰富也最为细致，我们不约而同地拜唐老师为师。说真的，我一直渴望丰富自己的教学实践性知识，而唐老师正是我梦寐以求的导师。唐老师动情地说："我一直希望把自己二十多年的教学经验归纳、提炼出来，既提升自己的理论研究水平，又易于把教学经验分享给年轻人，但却一直不知道如何下手，参加这个活动正好帮助我实现了这一愿望。"	知识转换策略：通过个人知识管理策略，使教师的个人知识得到归纳、整理和显性化，促进实践性知识共享

107

续表

案例内容	主要实施策略分析
活动第二步：团队具体经验归纳 个人具体经验归纳活动结束后，我们小组开始了团队具体经验归纳活动。根据每个人的专业特点，分配了具体工作。我和韦老师最年轻，精力充沛，且都亟须学习更多的教学经验，所以我们俩负责归纳、整理大家的具体经验，而我们也可以从中受益。唐老师是我们团队中经验最丰富的教师，她贡献了小组中大部分的具体经验，她也希望借此机会将个人的经验抽象概括和文本化，因此她负责团队具体经验归纳表的把关工作，做最后的检查和修正，以确保其质量。 我们下载了团队具体经验归纳表，我和韦老师按照团队具体经验归纳表的引导，顺利地完成了六位老师的具体经验归纳、重组和综合整理，在唐老师审查、修正后将具体经验归纳表上传到网上。	组织知识管理策略：对团队内外有价值的知识碎片进行捕获、重组、综合、排序等抽象概括活动，实现知识的组合化，促进知识共享和价值的提升 调节策略：以个性化任务分工策略，根据教师的个人专长和专业发展需要，在团队活动中赋予不同角色和责任
活动的第三步：将归纳的具体经验进行抽象概念化 在助学者的指导下，我们采用了"对事实静态描述概括""对事实综合概括"和"对行为动态概括"的方法，实现具体经验的概念化。所谓"对事实静态描述概括"，即对课堂教学整体及其结构的把握进行抽象，概念内容与事实之间具有一定的一致性。"对事实综合概括"方法的目的不在于概括出与事实一致性的概念，而是为了对这类事实经验符号化，以将此类事实经验与其他区别开来，也分为宏观概括和微观概括。"对行为动态概括"，即通过对师生行动或者行为的观察进行抽象，以使概念与事实、行为具有一致性。在课堂中这些行为包括群体行为、个体行为、师生之间以及生生之间的互动行	知识转换策略：以事实生成概念的策略实现显性知识的编码，有利于知识的传送和存储

续表

案例内容	主要实施策略分析
为(邓大才,2011)。例如,我们将尝试采用"对行为动态概括"的方法,对课堂合作学习方式中小组角色分工采用动态轮换,以利于学生均衡发展的角色分工方法概念化为"轮换角色分工方法"。 经过上述的抽象概括过程,我们小组形成了三十余个不同层次的有关提升课堂小组合作学习有效性的知识概念,并填写了具体经验抽象概括表。 活动的第四步:构建教师实践性知识体系框架 为了进一步将课堂小组合作学习的实践性知识系统化,我们小组在助学者的指导下,采用了自顶向下和自底向上的方法。首先,在助学者的帮助下,我们阅读了大量有关合作学习的文献,全面细致地了解了目前国内外关于合作学习的研究成果,大家从总体上对有关合作学习的理论知识有了较为清晰的了解。其次,在此基础上,我们自顶向下搭建了课堂小组合作学习实践性知识的第一层框架,它由九个维度构成,然后,从第一层的每个知识维度进行进一步分解,最后初步形成了三层框架的知识结构。最后,我们又自底向上,将我们所抽象概括的不同层次的实践性知识概念进行"嫁接",形成了一个四层的初具规模的有关课堂小组合作学习有效性的教师实践性知识体系。我用概念图的形式把我们小组的合作学习实践性知识体系框架表征出来,如下图所示。	知识系统化管理策略:自顶向下和自底向上构建和完善教师的实践性知识系统

案例内容	续表 主要实施策略分析
从图中可以看出，我们虽然获得了一些课堂小组合作学习的实践性知识，但是还有很多有待学习、有待完善和有待体验的实践性知识，实践性知识体系框架可以促进我们分享知识，也为我们指明了努力的方向。 抽象概括阶段结束后，专家和助学者对各个团队的抽象概括阶段的作品进行了评价，我们小组的作品被推荐为示范作品。听到这个消息，我们每个人都异常激动，经历三个研修阶段艰辛和漫长的过程，大家的实践性知识都有了不同程度的增长，并初步形成了小组的实践性知识体系框架，这是我们辛勤工作的结晶。虽然我们搭建的课堂小组合作学习实践性知识体系还不够完善，但是随着我们每个成员向研究型教师的目标迈进，它会得到不断完善。	调节策略：助学者引入评价和激励机制，专家团队和助学团队对个人和团队作品的质量进行评价，对优秀作品进行示范，有利于引导其他团队调整自己的研修进程

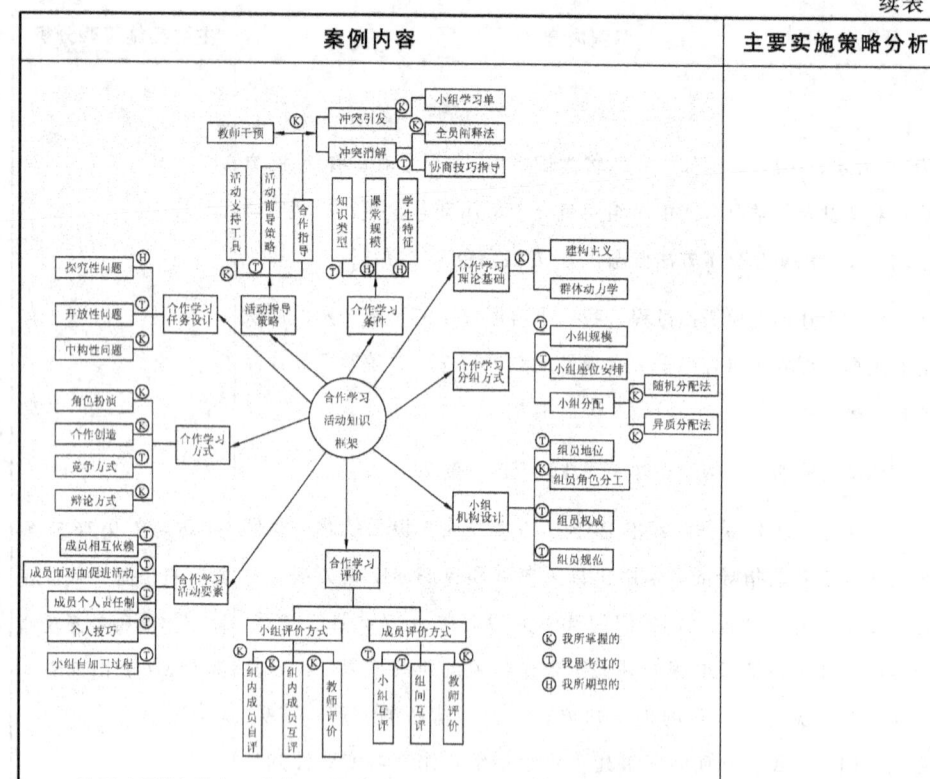

案例剖析

抽象概括阶段活动的关键实施策略分析

请您根据案例 3-4，选出您认为该案例中保证抽象概括阶段活动取得成功的三个最关键的实施策略，并进行简要分析。请将分析结果填入表 3-8 中。

表 3-8 抽象概括阶段活动的关键实施策略分析表

关键策略	策略分析
1.	
2.	
3.	

◆ 专家讲座 --

积极实践阶段的活动实施策略

积极实践阶段的活动目标有两个：①教师能够主动、灵活地运用所获得的经验和理论解决教学实践问题，修正和完善实践性知识；②开启下一轮教师经验学习圈。根据这两个研修活动目标，抽象概括阶段的实施策略如表 3-9 所示。

表 3-9　积极实践阶段的实施策略表

实施策略名称	实施策略内容		
	针对助学者活动	针对个人活动	针对团队活动
组织策略	• 以团队建设支持者和组织者的角色为校本研修团队的发展提供组织上的支持服务 • 以团队成员之间的差异作为资源，做好人际沟通的中介人角色 • 以目标导向策略引领团队巩固、完善制度建设和文化建设	• 以学习者和协同工作者的角色加入校本研修团队 • 以团队中的协作学习目标确定个人学习活动的任务 • 以团队发展规划为个人发展的导向	• 以团队内的角色划分与责任分工为基础，形成较为稳定的校本研修团队结构 • 以校本研修的共同愿景为基础，建立伙伴关系，培育良好的团队氛围 • 以团队学习规范约束成员的个人学习 • 团队成员共同参与制订团队活动目标和研修计划，以兼顾个人和团队发展需要

续表

实施策略名称	实施策略内容		
	针对助学者活动	针对个人活动	针对团队活动
知识转换策略	• 以团队显性知识转换为个人隐性知识、个人隐性知识生成和隐性知识外显化为知识转换的目标 • 教师通过知识主动体验策略，将所获得的显性知识运用于实践问题解决，在此过程中，将实践性知识内化到教师自己的知识结构中，同时，在新的情境中生成新的隐性知识 • 以系统策略为支撑，运用课堂观察与分析方法，全方位分析课堂师生行为，将隐性知识显性化		
资源流通策略	• 以团队内部的个人间资源流通构建局部小循环资源流通圈 • 以团队之间的资源流通构建整体大循环资源流通圈 • 加强建立小循环资源流通圈与大循环资源流通圈的多条通路，促进资源的进一步流通		
调节策略	• 个人、团队和助学者均制订各自的活动计划，并均实行 PDCA 目标管理调节策略 • 采用心理契约的 EAR 循环，使每位参与研修的教师与团队之间建立起心理契约，并通过调整个人发展目标与团队成长目标，最终实现个人发展与团队成长双赢的、相互促进的、相互依赖的积极关系		
	• 助学者要引入激励与竞争机制，对在规定时间内完成活动任务的团队给予大力表扬，对于团队推荐的优秀个人给予表彰	• 参加研修的教师以时间管理的积分法则为时间管理策略，将整段时间区域用于参加团队活动，将零碎时间用于个人学习活动	• 校本研修团队内部要引入知识贡献率激励机制，按照知识贡献率向助学者推荐团队优秀个人 • 校本研修团队引入时效性策略，团队的研修内容和计划要与教师所在学校的发展变化相适应，与教师个人发展需要相适应 • 引入肯特决策模型，制订校本研修团队研修计划

▶ **案例剖析** --

案例 3-5　积极实践活动让我感受到收获的喜悦

·案例背景·

我们仍然以案例 3-1 中的凌老师为案例的主人公，继续以凌老师的研修日志为视角，向您介绍凌老师所经历的网络校本研修的积极实践阶段的活动，及其在这一阶段中的主要实施策略。

·积极实践阶段活动记录·

案例内容	主要实施策略分析
教师实践性知识抽象概括的成果是我们理性思考的结果，但是，如果经过理性思考所得出的实践性知识不能回到真实的教学情境之中，那么我们的研修成果将不能达到最终服务于教学的目的。为此，我们团队又进入了积极实践阶段，要让我们所抽象概括的实践性知识去尝试解决教学实践问题，从中得到实践的检验。 　　在这一活动中，校本研修团队需要挑选一名教师上一节新课，该节课要有针对性地运用我们所抽象概括的实践性知识解决教学中的实际问题。作为一名新手教师，我非常渴望能有机会上一节公开	

续表

案例内容	主要实施策略分析
课，让专家和老师们为我的课把脉，提出改进建议，使我能尽快地获得专业知识。为此，我在校本研修团队的会议上毛遂自荐，而韦主任和其他成员都表示了赞同。于是，我开始筹划我的公开课的内容。由于我一直参与课堂合作学习的研修活动，所以我决定尝试组织一次小组合作学习活动。我有意识地根据我们六人小组获得的有关合作学习任务设计相关的实践性知识，为本次小组合作学习活动设计了一个具有探究性和开放性的教学方案。 经过一周的教学设计，我把教学设计方案发给我的师傅唐老师，请她给我提提意见。在唐老师的指导下，我修改了两遍教学设计后最终定稿。第二天，我就实施了我的教学设计，上了一节数学复习课。我的校本研修团队的成员大部分都在现场进行了课堂观察。 课后，我进行了课后自我反思。我首先回顾了自己组织的小组合作学习活动，然后反思哪些地方有意识地使用了我已掌握的实践性知识，使用的效果如何，原因是什么；哪些地方尝试解决我思考过的问题，教学策略实施是否有效，原因是什么；哪些实践性知识被临时运用于解决课堂中的问题，效果如何，原因是什么。另外，我反思了在解决小组合作学习问题时所尝试的一些新的方法是否有效。	知识转换策略：教师对知识采取主动体验策略，使教师内化和完善了现有知识，也生成了新的知识
我们校本研修团队的成员在进行课堂观察和课后反思后，与我一起进行了深入的专业对话，帮助我对小组合作学习实践性知识的应用效果做了深入反思与分析。以下是团队会的主要过程。	知识转换策略：通过系统的课堂观察和分析将教师的隐性知识转化为显性知识

续表

案例内容	主要实施策略分析
首先，我自己就抽象概括阶段中"我所掌握的"理论与经验的运用效果做了自我反思，如下表所示：	资源流通策略：以团队内部的个人间资源流通构建局部小循环流通圈

课堂中应用"我所掌握的"知识	知识应用效果及原因分析
① 合作学习小组任务设计应用了探究性任务设计策略	由于小组任务具有开放性和探究性，激发了学生探究的积极性，因此大多数学生在小组活动中都很投入
② 小组冲突消解应用了阐释法	指导学生用阐释法消解冲突，但有的小组冲突仍需要教师帮助解决，这可能是由于学生表达能力和协商技能的差异，以及缺少小组活动组织者造成的

其次，校本研修团队的其他成员从观察者的角度对这节课实践性知识运用成功的地方做了分析，结果如下表所示：

课堂中应用"我所掌握的"知识	知识应用效果及原因分析
①小组分组采用了组内异质分组策略	由于采用组内异质、组间同质的分组策略，有利于开展组间竞争活动，因此各个小组的凝聚力明显增强了，学习效率也比较高
②教师在小组合作学习中采用了主动干预策略	教师随时监控小组活动，能及时发现问题，并给予个别或全班的指导。S-T分析结果也可以体现出教师在小组活动中的作用

续表

案例内容	主要实施策略分析
再次，大家指出了我这节课中实践性知识运用不当和有待改进的地方，并提出了改进建议，如下表所示： **实践性知识框架中"我所掌握的"实践性知识的完善建议** | 抽象概括的"我所掌握的"知识	实践性知识完善建议
①组员角色分工策略	异质分组时角色分工缺乏组织者角色，造成小组任务由少数人承担，仍然有人游离于活动之外，建议增加组织者角色
②提供小组导学案策略	教师课前提供了小组导学案，因此在一定程度上提高了合作学习的效率。但是导学案只有学习内容介绍，没有明确的角色分工和任务布置，如果对导学案加以改进，小组合作学习的效率还可以提高 | 最后，针对抽象概括阶段中"我思考过的"问题解决方法和策略的实践与探索，大家进行了进一步分析和讨论，讨论结果如下表所示：	

续表

案例内容	主要实施策略分析
实践性知识框架中"我思考过的"问题和解决策略的进一步研究	
<table><tr><td>抽象概括的"我思考过的"问题及解决策略</td><td>课堂实施的效果及分析</td></tr><tr><td>①小组座位如何安排才能确保课堂效率——采用就近分组策略</td><td>前后左右的学生就近组成小组,减少了课堂上分组活动时学生的走动,提高了课堂效率,但是需要教师课前安排好座位</td></tr><tr><td>②如何指导学生在小组活动中提高协商技巧——采用协商用语使用策略</td><td>在小组活动前,教师提供了一些协商的用语让学生使用,开始学生不习惯,教师让学生之间相互监督使用,对慢慢培养学生的协商技巧有一定的作用</td></tr></table>	
积极实践活动使我有机会将所获得的实践性知识运用于实践中,促进了我对实践性知识的内化,也使我在新的实践情境中发掘出新的经验。我的课堂作为集体反思的对象,我经历了与团队老师们的专业对话,他们帮助我诊断课堂问题,提出改进建议,促进了我的教学行为的改进,可谓收获颇丰。特别是通过积极实践活动,我还看到自己的课堂教学效果显著提高,使我感受到研修成果实实在在地在课堂中产生了作用,也感受到我所经历的长达数月的研修学习得到了最好的回报。	

案例剖析

积极实践阶段活动的关键实施策略分析

请您根据案例 3-5，选出您认为该案例中保证积极实践阶段活动取得成功的三个最关键的实施策略，并进行简要分析。请将分析结果填入表 3-10 中。

表 3-10　积极实践阶段活动的关键实施策略分析表

关键策略	策略分析
1.	
2.	
3.	

模块四　教师网络研修活动管理的方法与技术

建议时间：8 小时	
说明	
本模块通过四个专家讲座及两个案例剖析，介绍了以下三种教师网络研修活动管理的方法与技术：进程管理、质量管理和资源管理。最后，通过完成教师网络研修活动管理方法设计的练习，帮助您对本模块的内容有更深入的掌握和理解。	
核心概念	
教师网络研修活动　进程管理　质量管理　资源管理	
活动	**主要作品**
专家讲座 案例剖析 方法设计	表 4-3　教师网络研修活动进程管理方法设计表

◆ 学习导入 --------

为了使教师经验学习圈能够持续有效地运转，使教师网络研修达到预期目标，应对教师网络研修活动进行有效的管理。近些年，研究者从多个角度对网络学习活动管理进行了研究。其中，既有对网络学习活动信息管理方法的研究(Isobel Falconer et al.，2012)；也有对网络学习活动质量管理方法的研究(闫寒冰，2006；王佑镁，2009；王陆，张敏霞和杨卉，2011)；还有对教师网络研修活动的助学服务管理方面的研究(齐阳，2011；李银玲，2009)，以及对教师网络学习资源管理的研究等(杨卉，2011；方引青和刘洪沛，2009)。上述研究覆盖了网络学习活动的信息管理、学习者管理、助学服务管理、质量管理以及资源管理等诸多方面，其目的是确保网络学习活动的实施效果达到活动设计所预期的目标。

本模块从教师网络研修活动进程管理、资源管理和质量管理三大方面对教师网络研修活动管理进行论述。

◆➡ 专家讲座 --

教师网络研修活动管理的方法概述

·教师网络研修活动的进程管理·

在网络研修环境下，教师研修活动的进程管理尤为重要。这是因为教师网络研修活动的时空分离，造成在网络研修活动中存在着一些常见问题影响教师持续而有效地参与网络研修活动。例如，由于一些教师的工作和家庭压力大，自我约束、控制能力差，在网络研修过程中的孤独感、距离感等原因而不能在网络研修活动中投入精力，甚至中途放弃。因此，助学者通过对教师网络研修活动进行监控管理，及时发现活动过程中的问题，并提供适时帮助是非常重要的，其中，监控的一个重要方面就是活动的进程管理。在网络环境下，教师研修活动的进程管理涉及多个方面，我们将教师网络研修活动的进程管理聚焦在以下三个方面：①教师网络研修活动进程的信息管理方法；②教师网络研修活动进程的监控管理方法；③教师网络研修活动的助学服务管理方法。

一、教师网络研修活动进程的信息管理方法

基于教师网络研修支撑平台的教师网络研修活动管理，主要依据平台上所存储的网络研修活动的相关信息。教师网络研修支撑平台记录了教师网络研修活动进程中大量的信息，包括：教师网络研修活动的发起信息、活动参与者信息、活动进程中人机互动和人人互动信息、活动进程生成的作品信息，以及活动的助学服务信息等。

教师网络研修活动信息管理可以界定为：针对教师网络研修活动的实时与历史数据管理，其目标是为教师网络研修活动管理提供依据，也为教师网络研修活动的形成性评价和总结性评价提供依据。

二、教师网络研修活动进程的监控管理方法

教师网络研修活动的实施虽然有教师网络研修活动设计为指导，但是每个研修团队在实施过程中具有不同的研修情境，会遇到各种不同的问题，此时，需要助学者给予帮助，调整研修路线，确保研修活动顺利完成。助学者对活动进程进行干预的前提是能够对教师网络研修活动进行监控，为此，进程监控管理对教师网络研修活动的顺利开展非常重要。教师网络研修活动进程的监控方法主要有两种：一种是系统自动监控活动的进程；另

一种是助学者人工监控活动的进程。

教师网络研修活动进程的监控管理可以界定为：助学者利用系统自动监控或人工监控活动进程，并给予人工干预的活动。活动进程监控的目的是跟踪教师网络研修活动的进展，发现研修活动实施过程中存在的问题。活动进程监控的具体任务既包括教师网络研修活动的进展、活动情境、教师参与情况等短期活动进程相关信息的监控，也包括对教师个人及其教师网络研修团队活动的长期监控。二者的结合既有利于助学者准确把握教师网络研修活动进程的信息，也能总体把握教师网络研修活动的进展趋势和可能存在的问题。

三、教师网络研修活动的助学服务管理方法

教师网络研修活动分为正式活动和非正式活动。正式的网络研修活动通常以讲座活动的形式出现；而非正式网络研修活动则以同步或异步交流互动、自主阅读、观摩案例、案例分析等形式出现，它是网络研修活动的主要形式。教师网络研修活动与面对面的教师培训相比，存在新的难点问题。例如，由于研修时间不固定，因此教师缺乏有效的研修时间管理，容易拖延活动的进度。又如，由于教师在开始阶段互不相识，使教师易陷入独学无助和孤独感增强的状态。由此可见，教师网络研修活动在为教师研修开辟新途径的同时，也带来了新问题，面对这些新问题，教师更需要得到外界的支持。因此，在线助学服务成为教师网络研修活动有效实施的重要保障。其重要性主要体现在：

其一，教师网络研修以远距离学习为主，需要在认知、学术和情感等方面得到外部支持，而助学者是外部支持的重要来源，他不仅能够提供认知和学术支持，还可以给予成员情感支持，成为联系成员人际关系的纽带。

其二，参与网络研修活动的教师可能来自不同地区，他们的研修特征由于地区不同、经历不同等原因存在较大差距，只有将教师网络研修团队培育成为具有凝聚力、共同价值观和行为规范的研修共同体，才能确保研修活动高质高效，这就需要助学者在参与式活动设计、行为规范制定、网络互动技巧等方面给予支持，促进教师网络研修团队的研修文化健康培育和发展。

上述分析说明了在教师网络研修过程中，良好的学习支持服务是教师顺利完成研修任务的关键因素。然而，要为教师提供优质的助学服务，需要对教师网络研修活动的助学服务进行有效的管理。

教师网络研修活动的助学服务管理可界定为：为教师网络研修活动提供恰当、及时和有效的认知支持、学术支持和情感支持，确保教师网络研修活动能够按期达到预期目的的服务活动。为了提高助学的服务质量，教师网络研修活动助学服务管理的具体任务包括助学者管理、助学服务质量管理和助学者能力管理等方面。

·教师网络研修活动的资源管理·

教师网络研修活动的主要目的之一是使教师的实践性知识得到共享和发展。教师实践性知识共享过程与研修资源的管理密切相关。这是因为研修资源是教师的实践性知识的主要载体，而实践性知识是资源的意义体现。例如，教师的课堂教学案例中就隐含着许多教师显性的或者隐性的实践性知识。王陆(2011)指出，教师在参与网络研修活动过程中既是资源的生产者也是资源的消费者，资源的生产来源于一线教师的教学实践活动(如课堂教学案例)和网络研修活动中的加工及再生产活动(如课堂教学案例的分析报告)。与此同时，在教师网络研修活动中也在不断地消费资源，因此，教师网络研修资源随着活动的开展而进行着动态的变化，既有新资源生成，也有旧资源被淘汰，有必要对教师网络研修资源进行动态管理，以便更有效地为教师研修活动服务。

教师网络研修资源的分类可从对实践性知识共享的贡献角度进行分类，按照此种分类方法，教师网络研修资源分为三类：初级资源、再生资源和高级资源(王陆和杨卉，2010)，它们的具体界定如下。

1. 初级资源

初级资源是指隐含教师实践性知识的"原生态"基础资源。例如，由课堂信息采集系统(录播系统)对教师的常态课进行自动采集而产生的视频资源，隐含教育信念等教师上传的哲理故事以及课堂情境问题等，它们都隐含了教师的教学实践性知识。

2. 再生资源

再生资源是指在初级资源基础上，经过教师网络研修活动再生产出的资源(如教师教学案例研讨活动的交流帖)，或学习支持服务的加工产生的资源(如利用教师教学案例工具对案例分析的结果)。该类资源实现了将初级资源中部分隐性的实践性知识显性化的目标。

3. 高级资源

教师在教学实践中生成的体验性资源，通过网络研修活动或其他复合加工途径产生的、对与教学情境相联系的教师实践性知识的说明和解释即为高级资源。高级资源也可以看作再生资源的一种，是对情境化实践性知识外显化的再生资源。例如，对课堂信息采集系统采集的常态课的初级资源，借助定性或定量的课堂观察分析工具产生的量化数据，以及凭借专家的经验进行的"中西医"结合的课堂教学观察报告,即为再生资源。而对一定数量的具有某种特征(如地域特征或学科特征)的课堂观察报告进行再分析和数据挖掘所做出的解释性评估,可以使教师基于情境的个人的隐性实践性知识外显化,从而可以促进教师实践性知识由个人隐性知识转换为群体显性知识,实现教师实践性知识的共享,这类知识资源就被称为高级资源。因此,从对教师实践性知识共享的贡献角度看,高级资源是三类资源中知识含量最高的资源。

由此可见,教师网络研修资源管理的目的是为了使教师在网络研修活动中更好地建设资源和利用资源。教师网络研修资源管理包括两个方面:一方面,对教师网络研修支撑平台资源库中存储的三类资源进行动态更新和维护;另一方面,促进教师研修资源的再生成、再加工和再利用,促进教师网络研修资源从初级资源向高级资源的转换。

·教师网络研修活动的质量管理·

与面对面的教师研修活动相比,教师网络研修活动参与者的参与时间自由,教师研修持续时间长,研修活动进展难以控制,助学者主要以监控、引领为主,因此,教师网络研修活动的质量管理是非常必要的。教师网络研修活动的质量管理主要包括教师网络研修活动的过程性管理和总结性管理。管理手段主要是对教师网络研修活动目标的达成效果进行绩效评估。

教师网络研修活动的质量评估需要根据教师实践性知识的特点,采取有效、合理的评价方法。陈向明教授(2009)指出,教师研修需要引入多样化的评价标准和方式,如表现性评价(做相关活动)、过程性评价(多次)、质性评价(观察、访谈、实物分析)、后续行动评价(学习效果的应用)等。利波夫斯基(Lipowsky,2004)建议,观察评价教师研修主要从教师关于研修对自己教学能力发展的作用与反馈中,从教师在真实课堂情境中课堂行为的变化去评价,这种聚焦教师的常态课教学,聚焦教师日常的工作情境的评估即为真实性评估(王陆等,2010)。上述观点表明,教师网络研修活动的评价方法应多视角和多途径,要基于真实性评估。

教师网络研修活动的质量管理可以界定为:对教师网络研修活动评估管理,其目标是对教师网络研修活动、对教师实践性知识发展和教师教学行为改进的影响进行全方位的评估,以促进教师网络研修活动得到及时改进和可持续发展。教师网络研修活动的质量管理的具体任务包括:形成性评估和总结性评估;对教师整体影响、对教师个人影响和对不同教师群体影响的评估;短期效果评估和长远效果评估,等等。

◆ 专家讲座

教师网络研修活动进程管理的方法与技术

教师网络研修活动进程管理是活动实施过程的管理,主要涉及教师网络研修活动进程中的信息管理、监控、助学服务管理。下面对这三个方面逐一进行阐述。

·教师网络研修活动信息管理方法与技术·

网络环境下的教师研修活动,由于参与者不能面对面地活动,而是远程参与，因而对教师网络研修活动的管理只能依据平台数据库记录的教师网络研修活动进程的各种信息来进行。可以说，教师网络研修活动的信息管理是实现教师网络研修活动进程管理的基础。为此，在探讨教师网络研修活动管理方法时，首先要探讨教师网络研修支撑平台对教师网络研修活动信息管理的支持功能。一般来说，教师网络研修活动信息管理分为四类：教师网络研修活动本身的信息管理、活动参与主体教师的信息管理、活动的助学服务信息管理、活动生成的资源信息管理。下面介绍教师网络研修支撑平台信息管理系统对这四类教师网络研修活动信息的管理方法。

一、教师网络研修活动本身的信息管理方法

教师网络研修支撑平台支持教师对网络研修活动进行自治管理，即教师可以自己发起、组织和管理教师网络研修活动，对于平台上每个启动的活动，网络研修活动信息管理系统应能够记录和加工处理每个活动的基本信息（包括活动起始时间、发起者、活动组织信息、活动流信息等）、随时记录各活动进程生成的信息，为活动进程的形成性评价与总结性评价提供信息等。因此，教师网络研修团队的活动信息管理包括团队所开展的所有活动的当前信息和历史信息的管理。

教师网络研修团队是一个持久的和相对稳定的学习型组织，成员长期共同参与网络研修活动。因此，引入"团队电子档案袋"可以对教师网络研修团队的网络研修活动信息进行全面管理。"团队电子档案袋"可界定为：以教师网络研修团队开展的研修活动为线索，从教师网络研修团队第一次共同参与网络研修活动开始，追踪记录教师网络研修团队开展的每个网络研修活动的轨迹，它是实现教师网络研修团队活动管理的有效工具。表4-1是"团队电子档案袋"进行活动信息管理方法的介绍。

表 4-1 "团队电子档案袋"对团队活动的信息管理方法

管理内容	信息管理方法	信息运用方法
研修活动进程管理	对研修活动流进行可视化管理	查询活动进程，给予必要的活动干预
参与教师信息管理	系统记录活动中参与教师的角色、研修行为和贡献等信息，定期分析和统计	基于参与教师的研修行为信息，进行形成性评价，以改善教师的研修行为
助学服务信息管理	系统记录活动中助学者助学行为信息，定期分类和统计	依据活动中助学者行为的信息，分析并发现问题，用于改善助学服务
活动质量信息管理	以活动为单位对教师的研修行为和教学行为改进效果进行定量与定性分析	通过对教师研修行为和教学行为的定量与定性分析结果的阶段性统计，形成教师网络研修团队的研修活动绩效评估，促进教师网络研修活动的完善
研修资源信息管理	按照初级资源、再生资源和高级资源分类，在资源库中对活动中生成的资源进行分类存储，并体现资源之间的内在联系	研修资源可以在活动中得到再利用和再加工，促进资源由初级向高级转换。资源信息管理可以使教师网络研修活动方便查找资源，也可以使生成的各类资源的信息规范化

表 4-1 列出的"团队电子档案袋"进行活动信息管理的方法，为教师网络研修团队的活动进程监控、助学服务管理、活动评估管理等提供了重要的依据。

二、教师信息动态管理

教师网络研修活动的参与主体——教师的信息管理，包括教师的基本信息管理等静态信息管理和教师在研修团队中的身份、角色、参与研修活动信息等动态信息管理。在静态管理方面，教师的基本信息管理是指对在平台注册的合法教师的相对固定的基本信息存储（如姓名、所在地区和学校、年龄和职称等）。在动态管理方面，教师的身份特征的管理功能支持注册教师同时参与多个教师网络研修团队活动，拥有多种教师网络研修活动角色，支持教师在网络研修团队身份的动态变化。教师参与网络研修活动的动态信息管理，还包括教师在参与网络研修活动以及教学实践活动中动态生成的资源信息的管理。上述教师信息可通过进一步加工呈现出教师的发展现状、发展轨迹，并指导教师未来的发展方向。

为了能够有效地追踪教师的过去、现在和未来的发展，一般都在教师网络研修支撑平台上使用教师电子档案袋技术。教师电子档案袋可界定为：以教师的专业发展为线索，对教师网络研修和专业成长过程中的信息进行管理的工具，它能够实现对教师学习和教师教学实践过程的追踪及对教师专业成长的评估。

教师电子档案袋的内容包括：教师参与网络研修活动信息、教师教学实践历程、教师研修中生成的相关资源的链接、所获得的助学服务信息、教师专业成长阶段性评估信息等，教师电子档案袋是一个以教师专业成长为核心的放射状的信息管理系统，如图4-1所示。

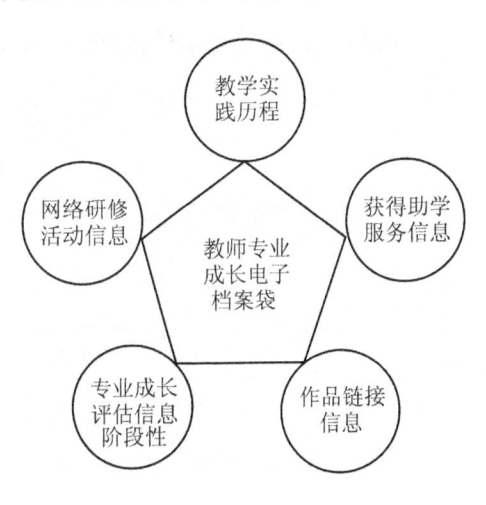

图 4-1　教师电子档案袋的内容

三、助学服务信息管理

教师网络研修支撑平台对助学服务信息的管理主要是指记录助学服

务过程信息，例如，记录助学者发帖信息、助学者发帖量、助学者对教师求助响应时间等信息。一方面，作为系统对助学者的督促、提醒的监控工具，确保助学的及时性；另一方面，作为评价助学者助学服务质量的依据。

四、教师网络研修活动的资源信息管理

教师网络研修活动的资源信息主要是指教师网络研修活动进程中所使用的初级资源（如教师上传的用于交流的课堂教学案例）、再生资源（如在教师网络研修活动中教师与教师、教师与助学者的交流帖），以及通过加工再生资源，所生成的高级资源等。对这些资源信息的管理，以及资源之间的关联信息的管理，对于有效利用资源具有重要意义。

教师网络研修活动信息管理系统的体系结构如图 4-2 所示。

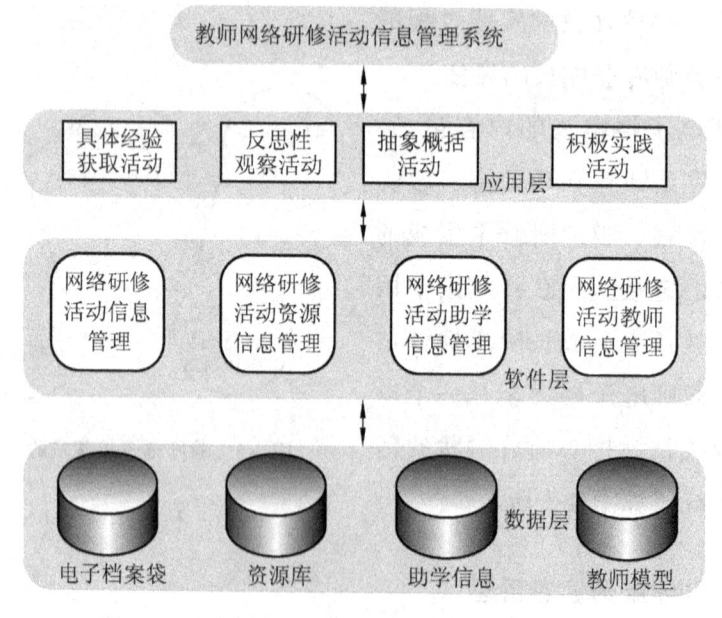

图 4-2 教师网络研修活动信息管理系统的体系结构

·教师网络研修活动进程监控方法与技术·

在教师网络研修活动支撑平台上同时运行着多个教师网络研修活动，助学者的监控应该主要以教师网络研修团队的活动为线索，即每个助学者对网络研修活动的监控不是杂乱无章的，而是根据某个教师网络研修团队所开展的研修活动路线进行活动进程监控。一个教师网络研修团队的所有研修活动应由指定的助学者或助学团队专门负责，这与助学分工机制有关。以教师网络研修团队活动为线索进行活动进程监控方法的优点是：①能够对教师网络研修团队所开展的系列研修活动进行连贯性的监控。如果抛开教师网络研修团队进行单一的活动监控，则只能孤立地观察一个活动，很难将教师网络研修团队开展的多个活动有机联系起来，由此影响对教师网络研修活动的监控效果。②可以使助学者长期与教师网络研修团队成员进行交往，从而建立起一种长期的服务关系。助学者不仅了解活动的进程，还能够了解教师的想法和需要、教师网络研修团队的发展状况等，进而有针对性地进行助学服务。③可以使不同研修团队进行研修活动效果对比，相互借鉴，从而促进教师网络研修活动的改进。

对以教师网络研修团队活动为线索的研修活动监控，可以采用两种常见的监控方法：参与式监控方法和工作流监控方法。

一、参与式监控方法

参与式监控方法是指助学者要定期参与所负责的教师网络研修团队的研修活动，助学者可以作为教师网络研修活动的主持人、普通成员或指导者等，其目的是能够及时了解教师网络研修团队的活动进程，以及团队和成员的状况，发现问题后及时提供指导和帮助。助学者在参与教师网络研修活动过程中的具体作用有以下几点：

①助学者可以了解教师网络研修活动的进程，及时发现研修活动开展过程中的问题，并给予直接的干预和引导。

②助学者可以建立与成员之间的人际关系，拉近与成员的距离，能够了解教师对专业发展的所思所想，以便为教师提供真正所需要的帮助。

③助学者可以更好地了解教师网络研修团队的研修文化，如行为规范、教师人际关系和共同信念价值观等，促进教师网络研修团队的健康发展。

④助学者可以关注团队每个成员参与活动的状况，进行个别交流指导。例如，与很少发帖的网络研修活动边缘参与者沟通，激发他们积极参与活动，由边缘参与者向核心参与者发展。

⑤助学者可以及时根据教师网络研修活动所面临的新情况、新问题，对团队活动给予所需的学术、人际和认知方面的支持。

由此可见，尽管参与式监控方法要求助学者直接参与教师网络研修活动，需要投入比较大的精力和时间，但是由于与教师网络研修团队成员有了更广泛的社会交往，亲身参与到教师网络研修活动中，使得助学者能够获得更多的平台难以记录的教师网络研修活动、研修团队和参与者的信息，从而可以给予教师网络研修活动更有效的支持。

二、工作流监控方法

工作流监控方法是指助学者可以通过教师网络研修支撑平台上所提供的工作流管理系统，实现对教师网络研修活动进程的可视化监控。

教师网络研修支撑平台上的工作流管理系统是利用工作流技术实现

对教师网络研修团队的研修活动进行跟踪和管理，所监控的教师网络研修活动进程的动态信息被可视化表示，为教师网络研修活动进程的调整提供依据。

在教师网络研修支撑平台上，一个活动设计可对应多个教师网络研修团队的活动进程。即每个教师网络研修团队基于 A 活动设计启动的活动，就成为 A 活动设计的一个实例。活动实例不仅分配了网络研修活动的虚拟空间，而且系统还根据教师网络研修活动设计中的研修活动流程，生成了一系列子活动流，需要活动组织者对子活动流中的每个子活动进行详细描述，其目的是：一方面，对活动实例的每个子活动进程预置启动时间等参数；另一方面，体现研修团队活动实例的个性化特征。

随着教师网络研修团队的研修活动实例的开展，在教师网络研修支撑平台上，工作流管理系统一方面会呈现教师网络研修子活动流，以提示子活动之间的顺序关系；另一方面会将子活动进程执行状态可视化，使助学者和教师可以查询到活动进展的详细信息，包括教师网络研修活动的进度、状态、教师参与度、生成研修作品数量等相关数据。这些监测数据经过定期分析，还能使助学者准确把握教师网络研修活动进程的状况和趋势，帮助助学者及时诊断教师网络研修活动实施过程中存在的问题和需要提供的帮助。因此，活动流管理系统是教师网络研修团队的活动进程管理的重要工具。

·教师网络研修活动进程中的助学管理方法与技术·

在教师网络研修活动实施过程中，助学服务是确保活动质量的重要环节。实践表明，要使助学服务产生预期的助学效果，还需要有完善的助学管理机制作为保障，为此，下面我们着重阐述两个主要的助学管理机制：助学者组织管理机制和助学服务质量管理机制。

一、助学者组织管理机制

目前，教师网络研修活动呈现出非正式、团队化和多样性的趋势，使得助学者的助学变得更加复杂。随着参与网络研修的团队和教师人数的增加，助学工作量日益巨增，因此，助学者往往要进行合作助学，助学团队便应运而生。图4-3是一种扁平化的助学者组织管理机制。助学者按照某种原则，划分为若干个助学团队，助学团队是助学者管理的基本单位，负责为教师提供具体的助学服务。这种助学组织管理机制的优点在于：采用扁平化管理体制可实现助学服务快速适应不同的教师网络研修活动的需要。

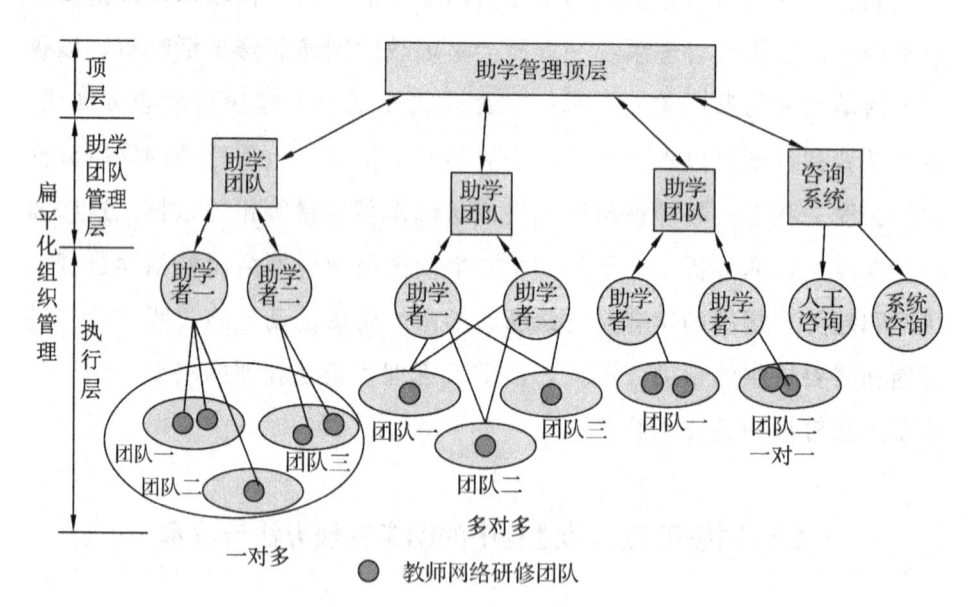

图4-3 助学者组织管理机制

第一层为顶层。顶层管理者制定教师网络研修活动总的助学方针和策略，并对第二层的各助学团队的助学服务进行定期的绩效评估。

第二层为助学团队管理层。第二层由若干个助学团队组成，助学团队可根据助学者的特长、服务对象等划分。每个助学团队可设置首席助学者，负责分配和协调助学团队内的助学者工作，收集用户的反馈信息，对助学者定期进行绩效评估等。

第三层为执行层，这是助学者对教师网络研修活动开展助学的服务层次。教师网络研修团队往往有一个主持人或负责人，与助学者合作管理教师网络研修活动，他们之间经常取得联系，以随时把握教师网络研修团队活动的进程及教师的发展动向，确保助学者提供及时和恰当的服务。

第二层的助学团队管理可根据具体情况选择以下助学服务分配方法：一对多，即一个助学者可负责多个教师网络研修团队的活动；多对多，即按照助学者的专长，多个助学者通过相互配合，共同为一个或多个教师网络研修团队提供助学服务，即每个网络研修团队由多个助学者服务；一对一，即助学者负责某一个网络研修团队的所有活动的助学工作。

咨询服务包括：人工咨询服务和系统咨询服务。人工咨询服务主要由专家助学者负责，包括问题解答、教学课堂案例分析或点评等个性化服务。既可以有异步的咨询，也可以有实时咨询，例如，专家进行视频集中答疑或通过QQ等即时交流工具进行定期集中答疑。系统咨询服务通常是指FAQ问题查询服务功能，借助系统提供的问题数据库，积累和存储人工咨询中的典型问题和答案，供教师查询。

二、助学服务质量管理机制

教师网络研修活动的助学服务的提供者是专职助学者、教育专家、学科专家和同伴助学者等。随着网络研修的发展，参与网络研修活动的教师数量不断增加、研修活动种类更加丰富、教师网络研修团队的数量增加，而且类型更加多样化。面对越来越复杂的教师网络研修活动，助学服务质量需要通过制度约束和评估指标来保障。下面主要介绍助学服务的评估机制。

全面评估助学者的助学服务质量，需要制定科学全面的评估指标体系。构建教师网络研修活动助学服务质量指标体系，应符合教师网络研修活动对助学服务的需求。依据摩尔（Moller，1998）关于网络学习共同体对网络学习活动的三个方面的支持：学术性支持、认知性支持和人际性支持，教师网络研修活动的助学服务评价也应从学术支持服务、认知支持服务和情感支持服务三个维度来衡量。

助学服务质量指标体系的构建采用德尔斐（Delphi）方法，该指标体系经过两轮专家意见收集和改进后，最终形成了由3个一级指标、9个二级指标和26个三级指标组成的教师网络研修活动助学服务质量指标体系。一级指标与二级指标如表4-2所示。

表4-2 教师网络研修活动助学服务质量指标体系

一级指标	二级指标
情感和人际性支持	PB1 助学者与教师建立良好的合作关系
	PB2 促进学习者（教师）间建立密切的伙伴关系
	PB3 促进教师参与校本研修并积极交流
认知性支持	PB4 指导研修计划
	PB5 对研修过程提供支持
	PB6 提供研修活动和资源管理
学术性支持	PB7 知识传递
	PB8 指导和反馈
	PB9 学术对话

助学者的助学服务质量的形成性评价，主要采用系统的跟踪数据，每周或每天进行查询和显示。形成性评价的目的是促进助学者改进助学行为。总结性评价是依据助学服务质量指标体系，采用以下方式对助学服务进行阶段性的总结评价：

- 定期对教师用户进行满意度调查。
- 对一个阶段以来的助学服务数据（主要来自系统数据库）进行统计分析，捕获助学服务的各项服务指标的量化数据。
- 从教师网络研修活动的效果评估，可以分析助学者的助学服务质量。

方法设计

教师网络研修活动进程管理方法设计

在学习了专家讲座"教师网络研修活动进程管理的方法与技术"后，请根据您所使用的校本研修网络支撑平台的特点，设计三个教师网络研修活动进程管理的方法，并填入表4-3中。

表 4-3　教师网络研修活动进程管理方法设计表

进程管理方法名称	进程管理方法描述	方法的适用范围
1.		
2.		
3.		

◆ 专家讲座

教师网络研修资源管理技术

·教师网络研修团队资源建设与管理概述·

在教师网络研修团队中，教师的学习是一项社会化的、非正式的活动，它体现了 Web 2.0 的精髓：开放、分享、参与和创造。它符合基于 Web 2.0 的 E-Learning 2.0 的思想，即以互联网作为学习的平台，强调以学习者为中心，鼓励学习者贡献自己的价值，既作为团队学习资源的使用者，也作为团队学习资源的开发者。

一、教师网络研修资源建设的基本思想

教师网络研修团队资源的建设遵循 Web 2.0 的思想：让用户参与内容创造，使网络信息资源的分布由网站中心化向用户中心化转移，使所有的用户既可以成为资源建设的主体，也可以成为资源的使用者和传播者，因此，教师肩负着资源再组合和再创造的职责，彻底改变了 Web 1.0 的建设主体单一化、资源传播形式点对面单一化的思想。从 Web 1.0 与 Web 2.0 以及 E-Learning 1.0 与 E-Learning 2.0 的特点可以归纳出网络资源建设 1.0 模式与网络资源建设 2.0 模式之间的特征差异，如表 4-4 所示（蒲梅，2011）。表 4-4 也反映了教师网络研修资源建设 2.0 的思想。

表 4-4　网络资源建设 1.0 模式与网络资源建设 2.0 模式的特征对比

属　性	网络资源建设 1.0	网络资源建设 2.0
核心思想	中心化	去中心化、自组织、参与、互动、分享
建设主体	单一主体	多主体
用户角色	消费者、读者、受众	生产者、创造者、传播者
运行机制	客户服务器	网络服务
建设过程	编辑选择创建	个人或群体客户创建
内容取向	保持主流媒体一致	追求个性化、个人化
建设结果	固定、不可改变	可再生、微内容
传播方式	集中控制式	P2P 对话
管理方式	自上而下	自下而上

二、教师网络研修活动对教师网络研修资源生成和转换的作用

教师网络研修团队的研修资源会不断通过成员的交流、互动等非正式研修活动实现流通和转换。初级资源的不断提交、再生资源和高级资源的不断产生，都需要通过研修活动来实现，如师徒结对、同侪互助、同课异构、案例研讨、在线案例分析等活动，将初级资源传播给系统中的所有成员，并通过这些特定的研修活动被复用，资源通过继承被转化为知识，并通过特定的学习活动被重组，教师新创造的知识与已有知识在新的特定学习活动中被耦合，从而完成知识的创新（王陆和杨卉，2010）。因此，研修活动既促进了资源在团队中的传播、流通与应用，也支持了研修团队成员在工具和技术的支持下，对资源进行深入加工和处理，使研修资源不断"升值"，同时也实现了教师网络研修团队成员自身获得专业发展后的升值（张敏霞和房彬，2011）。

初级资源、再生资源和高级资源三种网络研修资源的生成和转化主要是教师网络研修活动的作用结果。教师网络研修活动应用了三种类型的研修资源，也创造和再生了三种研修资源。基于经验学习圈理论设计的教师网络研修活动包括四类活动：具体经验获取阶段活动、反思性观察阶段活动、抽象概括阶段活动和积极实践阶段活动，每个阶段的活动所导致的资源流通与转换的结果是不同的。图4-4列举了四个阶段的教师网络研修活动对资源转换的作用。

①具体经验获取阶段活动，实现个人初级资源向团队群体初级资源的转换。教师将个人教学实践中收集的资源，如课堂录像、教学故事、教学设计等上传到教师网络研修支撑平台，教师网络研修团队成员通过对个人初级资源的观摩、浏览和汇集等活动，实现个人初级资源向团队初级资源的转换，在经历隐性知识向隐性知识转换的过程中，实现实践

模块四 教师网络研修活动管理的方法与技术

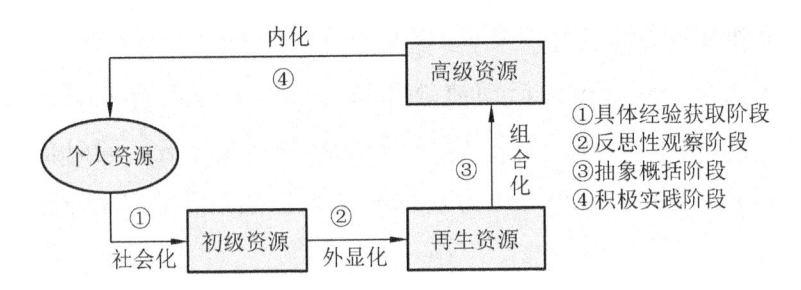

图 4-4 教师网络研修活动与资源转换的关系

性知识的社会化过程。

②反思性观察阶段活动，实现群体初级资源向再生资源的转换。该转换过程需要依靠团队网络研修活动支持工具（如课堂观察分析工具、档案袋工具、论坛支架等）的支持，通过比喻、比较、演绎、推理和深度会谈等方式，实现教师隐性知识向显性知识的转化，促进隐性知识的外显化。

③抽象概括阶段活动，实现再生资源向高级资源的转换。具体表现在教师网络研修活动（如同侪互助、师徒结对、集体研讨等活动）对再生资源（如案例分析报告）中的实践性知识进行解释性标注，将某一研修主题的经验知识碎片抽象化、概念化和系统化。这些过程使教师显性的实践性知识向更高层次的显性知识的转化，即通过对外化了的显性知识碎片进行整理、归类、萃取、组合等途径，转化为更具普遍指导意义的新的显性知识，进而使教师实践性知识得到更广泛的共享和应用，使再生资源的价值得以进一步提升。

④积极实践阶段活动，实现高级资源向新的初级资源的转换。教师回到自己的课堂进行新的教学实践活动，在这个过程中，教师有目的地应用实践性知识解决新的教学情境问题，既内化了实践性知识，也创生了新的具体经验，同时在新情境的实践教学活动中生成蕴含了新的隐性

143

知识的初级资源。

以上四个研修阶段的活动使教师的实践性知识得到不断传递、内化、产生和转化，教师个人和团队的知识水平不断上升，同时也实现了资源的流通、转换与升值。教师研修资源的流通与再生的路径如图4-5所示。

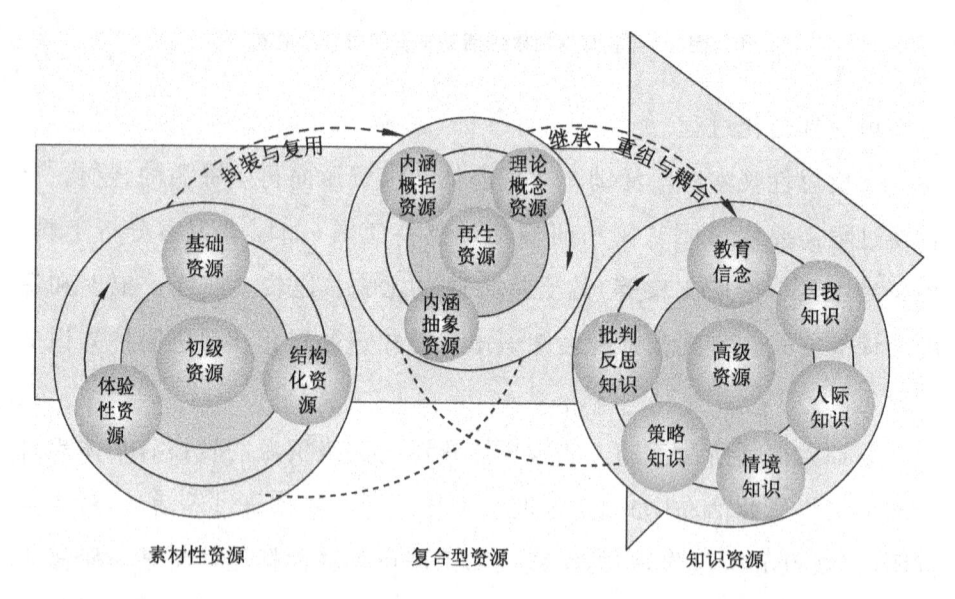

图4-5 教师在线实践社区中的资源流通与再生路径（王陆和杨卉，2010）

三、教师网络研修团队资源管理途径

要使教师网络研修资源流通与再生路径畅通，并能承载丰富的研修资源，就需要有完备的资源管理措施，主要有以下两点：

其一，建立能够存储、加工、更新和维护的，并方便资源使用的资源库管理系统。

其二，研修资源流通和再生离不开高质量的研修活动，因此，需要助学者对教师团队研修资源创建和利用进行引导。高质量的教师网络研修活动设计、活动指导服务，是研修资源有效应用、传递、转换和价值提升的重要保障。

·教师网络研修资源的管理方法与技术·

一、教师网络研修支撑平台的资源管理功能

教师网络研修支撑平台的资源管理子系统负责对各类研修资源的管理，并对所承载的教师实践性知识进行挖掘。

资源库主要对初级资源库、再生资源库、高级资源库和文献库等进行存储管理。资源管理的目的是方便教师对资源进行查找、动态更新和维护。教师网络研修资源的管理子系统具有以下几个功能特点。

1. 资源的描述规范化，方便资源的共享

资源描述的规范化包括资源属性分类的规范化和元数据（Metadata）的规范化。所谓元数据是指关于数据的数据，就资源而言，是对资源属性的描述。对于教师网络研修资源来说，如果有规范的资源描述，将方便教师对资源的查找和不同教师网络研修支撑平台间资源的共享。因此，资源的规范化描述应参照国际和国内资源建设标准，通过建立各类研修资源模板的方法对资源进行规范，并且有专门的审核人员对资源进行审核。

2. 资源按照多层次、多维度进行存储和编目

资源编目法要便于资源上传、浏览和使用法。例如，按照承载教师的实践性知识水平，将资源的第一层分类维度定义为：初级资源、再生

资源和高级资源分类。初级资源又可以进一步定义多个子类别：课堂视频案例资源、教育叙事资源和交流帖资源等。再生资源又可以进一步定义为多个子类别：课堂反思日志、课堂分析报告、课堂关键事件等。高级资源也可以进一步定义若干类别：教学经验抽象概括报告、教学知识概念图等。

3. 资源要能够动态更新

由于教师网络研修活动是一个持续的过程，它的资源应随着研修活动的进展，随着教师研修的需求变化而不断更新。因此，资源库应能够定期维护，定时清理失效资源，使资源保持较高的先进性和实用性。

4. 实现知识挖掘和管理

知识管理主要体现在：第一，建立资源与所承载的教师实践性知识之间的内在关系，方便教师的查询。例如，教师可以查找合作学习活动的组间互评知识的相关资源。第二，建立资源与资源之间的联系。例如，教师可以查找与当前视频案例相关的课堂观察分析报告。这种关系实现了初级资源、再生资源及高级资源之间的联系。第三，知识挖掘功能，能够从教师网络研修资源中挖掘出其背后所隐含的知识。例如，从大量同类教师的课堂教学案例分析中获得某类学科或形式的课堂教师教学行为特征。

二、通过"服务"实现资源管理

教师网络研修资源管理的一个主要途径是通过"服务"实现资源的有效管理，实现资源的流通、建设和增值的最大化。资源服务主要通过技术和人工服务的方法实现。

1. 资源推送服务

资源推送服务的主要方法是：①针对教师网络研修活动的需要，管理员向参与研修的教师批量推送某种类型属性的研修资源，供教师在研修活动中使用。②通过助学者向研修教师推送范例资源，供教师选择性浏览或下载，实现个性化研修。③关联查询。教师网络研修平台的资源管理系统按照多种资源分类方式存储资源，建立资源之间的联系，从技术上实现基于输入不同类型的关键字，推送用户直接或间接所需要的资源，如表 4-5 所示。

表 4-5　资源推送服务方式

资源服务方式	资源服务技术实现	资源流通效果
管理员为研修活动批量推送资源服务	• 推送在线短期课程、相关文献等研修活动所需的学习资源 • 推送研修活动支持工具(如报告模板) • 推送研修对象资源(如研究课、教育故事等)	确保教师网络研修活动所需的基本资源
助学者个性化推送资源服务	• 助学者为教师研修活动上传个性化资源，包括视频文件、图形文件和文字、演示文档等 • 助学者开辟公共空间展示资源范例供学习者选择性下载，如在线图书馆、在线展览馆等	支持教师个性化学习，确保研修活动的有效开展
资源库查询服务	• 按照初级资源、再生资源和高级资源查询直接资源和相关资源。例如，查询某个视频教学案例的相关文档，则将该案例的教学设计、教学反思、专家点评、同行点评等超链接罗列出来 • 按照资源的自然属性查询资源，如帖子、数字故事 DST、教学案例、教学设计等，并可推送同类资源 • 按照资源的文件格式查询资源，如 Word 文档、pdf 文档等	为教师提供多种获取直接或间接所需资源的途径

2. 资源建设服务

资源建设服务主要有：①从研修教师处收集初级资源。②在教师网络研修活动中，助学者通过提供模板等工具确保新生成的资源质量，规范新资源。③在助学者和专家引领下通过教师网络研修活动生成新的资源。资源建设服务方式如表 4-6 所示。

表 4-6 资源建设服务方式

资源服务方式	资源服务技术实现	资源建设效果
从研修教师处收集初级资源	• 交互式电子白板＋课程信息采集系统（录播系统）收集教学视频课例 • 举办年度教师教研成果征集活动，如评选优秀的课例、论文、教育故事等	解决资源建设与资源应用相脱节的问题
专家和助学者引领资源建设	• 在专家和助学者的引领下，促进教师网络研修活动生成高质量的资源。例如，助学者发布引领帖，发动教师参与讨论某个话题，生成高质量的帖子 • 教师提供作品范例，引导教师产生高质量的作品	解决资源内容质量问题
资源建设规范化服务	• 提供活动支架，如教学反思支架、教学设计支架等，引领活动并确保活动成果的质量 • 提供资源建设模板，如课堂观察分析报告模板、抽象概括报告等，确保作品的统一格式 • 推荐资源制作软件和作品格式，例如，在制作概念框架、数字故事 DST 时都推荐软件工具，以确保作品的效果	解决资源的规范化和质量问题

3. 资源升值服务

如何使资源在网络流通中得到增值效应呢？首先，体现在资源对实践性知识共享的贡献方面,在教师网络研修活动过程中,资源得到流通和转换,即从初级资源向再生资源,再向高级资源的发展,这个转换过程就是资源的升值过程。其次,体现在教师网络研修活动中,资源得到再加工和再利用,延长了资源的生命周期,提升了其价值。因此,基于资源升值服务的教师网络研修资源的生命周期往往会长于其他的资源。资源升值服务方式如表 4-7 所示。

表 4-7 资源升值服务方式

资源服务方式	资源服务技术实现	资源升值效果
初级资源——再生资源	• 设计和实施课堂观察分析活动、课堂观察分析报告、反思报告、具体经验获取报告等再生资源	资源所承载的实践性知识可视化、显性化
	• 设计和实施故事坊、教育诗、儿童画等研讨活动,生成新观点、新热点讨论帖	
再生资源——高级资源	• 设计和实施基于再生资源基础上的知识获取与表征活动,如课堂关键事件获取与撰写活动	资源所承载的实践性知识更加组合化、概念化和系统化
	• 设计和实施教学经验概念化与系统化研讨活动,例如,概括某一研修主题的知识概念框架,并通过概念图进行知识表征	
高级资源——新的初级资源	• 设计积极实践活动,教师在吸收知识资源表征的实践性知识的基础上,将实践性知识运用于新的教学情境的教学实践活动,形成新的教学案例	资源承载新的实践性知识

案例剖析

案例 4-1　同侪互助网络研修活动中的资源管理

> 本案例来自教师在线实践社区 COP。案例中的几位主人公都是物理教师，其中，胡老师是来自山东省淄博市一所农村学校的骨干教师；唐老师是来自北京市一所国际学校的成熟型教师，而且也是国内知名的专家型教师；程老师是与唐老师来自同一所学校的新手教师；而何老师则是来自四川省成都市一所省级重点中学的新手教师。因为靠谱 COP 举行的同侪互助网络研修活动，这四位来自不同地区的同一学科的老师们组成了一个物理教师同侪互助小组。

·案例背景·

胡老师从师范大学毕业后一直在一所农村学校担任物理教师，她勤奋刻苦，热爱工作，肯于钻研，善于学习，经过自己的努力，已经在自己的教学岗位上小有成绩，开始崭露头角了。胡老师不仅经常得到市级、区级教研员的表扬，而且学校的领导、老师和学生们也都非常尊敬她。

可是，胡老师却有自己的苦恼。她认为自己的教学水平和实践性知识已经进入了一个"高原期"，期望能够有机会向名师"拜师学艺"，以突破自己的"高原期"，争取得到更快的专业发展，实现心中的梦想——做一名专家型教师。

此时，恰逢首都师范大学的助学者在靠谱COP平台上主持远程同侪互助网络研修活动。作为靠谱COP实验学校的COP团队成员，胡老师在靠谱COP平台上一直非常活跃，被大家戏称为"胡司令"。当胡老师看到助学者刚刚发起的同侪互助活动后，她立即怀着期盼的心情在靠谱COP平台上发了一个召集帖："我是一名具有十年教龄的农村学校的物理教师，可我非常渴望让我的学生得到更好的教育。为此，我非常真诚地想拜一位专家型物理学科教师为师，以改进我的教学工作。同时，我也希望把我所获得的教学技能和经验教训等分享给刚刚走上工作岗位的物理学科的新手教师，为他们的专业发展贡献我微薄的力量。"胡老师的这个帖子可以说是一石激起千层浪，立刻得到了上百个回帖。COP的成员们纷纷推荐自己所认识的物理学科的专家型教师，而物理学科的新手教师们也纷纷响应。一周后，经过助学者的精心筛选与征求意见，最终帮助胡老师组建起COP平台的第一个物理学科的同侪互助小组。

·胡老师的同侪互助之旅上的资源管理方法与技术·

案例内容	资源管理方法与技术
胡老师终于迎来了物理学科同侪互助小组的第一次网上活动。专家型教师唐老师、新手教师程老师和何老师都如约而至。大家在网上"见面"非常高兴。她们首先向同伴介绍了自己,交流了各自的愿景。之后,她们共同商议了同侪互助小组的活动规则。她们商定,每周二20:00~22:00,是同侪互助小组的固定活动时间。每周要有一位老师上传自己的教学录像,供全体小组教师深入讨论和分析,而胡老师需要主持每周的网上研讨会。在明确了活动规则后,她们又按照实践性知识的丰富程度划分了师徒角色:唐老师是这个小组所有老师的师傅,而胡老师同时也担任程老师和何老师的师傅。程老师与唐老师同在一所学校且在一个教研组内,她们在现实生活中就是师徒关系。	制定了初级资源的获得办法与生成机制
第二周的周二晚上,胡老师早早地就登录到靠谱COP平台的物理学科同侪互助小组的园地中等候大家。她观看了新手教师程老师早已上传到平台上的"向心力"一课。 　　此次研讨的主题是:程老师课堂中的提问策略。经过定性的课堂观察,几位同侪互助小组的老师们一致认为:作为一名新手教师,程老师的课还是不错的,虽然给人的感觉是能够按部就班地进行教学,没有大的问题,但却不够精彩。	

续表

案例内容	资源管理方法与技术
于是，助学者刘学敏和杨乐等为这几位老师提供了程老师的"向心力"一课的弗兰德斯互动质量分析的结果。 | 课堂结构	
教师语言比率	67.4%
学生语言比率	32.33%
课堂沉寂比率	0.27%
教师倾向	
间接影响与直接影响比率	47.75%
积极影响与消极影响比率	76.92%
其他	
学生主动发起语言/学生语言	8.47%
学生连续语言/学生语言	53.81%
连续内容讲解/教师语言	45.33% | 看到助学者提供的定量分析报告后，唐老师和胡老师作为成熟型教师，马上发表了自己对程老师如何改进课堂互动效果的建议。她们认为，一方面要加强提问的策略，另一方面要建立课堂对话的激励机制。	对初级资源的加工产生了再生资源；资源也开始在同侪互助小组中流通
程老师虚心听取了老师们的意见后，提出了"如何在探究式教学中进行问题设计"的新问题。助学者刘学敏马上为程老师推送了数学同侪互助小组刚刚分析产生的教学关键事件视频片段。这是张老师的一节"三角形的外角"探究课的课堂关键事件视频片段。胡老师组织大家进行了认真的观看，她们还主动在靠谱COP平台上搜索到张老师对这节课的教学反思DST，进一步了解了张老师的设计思路与问题设计策略。 虽然物理和数学是不同的学科，但是胡老师认为他从张老师的数学课中得到了很大的启发，唐老师也鼓励胡老师尝试设计一节实验探究课。	资源推送策略的运用加强了不同学科与不同同侪互助小组的资源流通

续表

案例内容	资源管理方法与技术
第三周的周二晚上，胡老师等小组成员都提前来到了靠谱 COP 平台的同侪互助小组中，大家一起观看了胡老师的"杠杆基本原理"探究课的课堂录像。随后，在课程研讨模块中，胡老师先介绍了自己的课，助学者们利用编码体系分析工具对胡老师的课进行了分析，为同侪互助小组的老师们提供了定量分析的依据。唐老师就本节课探究问题的问题解决策略进行了详细的分析，何老师和程老师也对胡老师的课堂对话深度进行了分析。大家看到，胡老师的这节探究课还是非常成功的，但在解决小组内的认知冲突方面还需要做进一步的改进。	张老师的课堂关键事件视频资源、教学反思 DST 等蕴含了许多实践性知识，胡老师对其吸收应用并生成新的初级资源，即课例

◆ 专家讲座

教师网络研修活动的质量管理方法与技术

·教师网络研修活动质量评估的主要方法·

关于教师研修质量管理，很多学者提出了多种不同的评估方法。下面介绍常见的四种教师网络研修活动质量评估方法，这些方法可以在质量管理中综合使用。

一、形成性评价

形成性评价是指对教师网络研修活动进程中的教师研修行为、研修情况等进行的评价。形成性评价的目的是通过了解研修过程及问题，促进教师网络研修团队不断修正教师网络研修活动的路径，改进教师的研修行为，以提高教师网络研修活动的效果，是一种发展性评价。

二、绩效评估

绩效评估是对照教师网络研修的活动目标，采用一定的评估方法，评定教师或教师群体完成研修活动任务的效果，因此，绩效评估往往在教师网络研修活动结束或者告一段落时进行，属于总结性评估。绩效评估是多目的的，其类型也是多样的。教师网络研修活动的绩效评估包括效果型评估和行为主导型评估。所谓效果型评估，是指针对参与网络研修活动前后的教师实践性知识水平的差异情况、教师的教学实践行为的改进情况进行评估。行为主导型评估则对教师参与教师网络研修活动的行为表现进行评估，以便发现问题，并寻求进一步改进活动质量的方法。

三、真实性评估

真实性评估是一种追求与教师日常工作、学习整合的研修评价方式，它聚焦教师日常工作情境，聚焦教师参与研修活动的行为，以反映教师教学和研修的具体水平。由于教师的实践性知识隐含在教师的非正式交流中，隐含在教师的教育教学行为中，因此，真实性评估有利于评估教师网络研修活动对教师实践性知识发展的影响效果，进而诊断教师网络研修活动中存在的问题，从而有针对性地对教师网络研修活动进行改进，促进教师实现持续性的专业发展。

四、柯氏四级培训评估法

柯氏四级培训评估法是由国际著名学者、威斯康辛大学教授唐纳德·L.柯克帕特里克（Donald. L. Kirkpatrick）于1959年提出的，它是世界上最早的、应用最广泛的培训评估工具。柯氏四级培训评估法，简称"4R"，主要有四个评估级别，分别为：第一级——反应评估（reaction）；第二级——学习评估（learning）；第三级——行为评估（behavior）；第四级——成果评估（result）。这四个级别中的每个级别都会对下一个级别产生一定的影响。

第一级——反应评估，测定培训者对培训的满意程度。对于教师网络研修活动来说，反应评估可以为改进教师网络研修活动的内容、活动设计、助学服务方式等方面提供参考。

第二级——学习评估，测定被培训者的学习获得程度。对于教师网络研修活动来说，学习评估可以评价研修前后教师对网络研修中所涉及的教育教学理论和方法、实践性知识、教学经验与技能等内容的理解和掌握有多大程度的提高。

第三级——行为评估，考查被培训者的知识运用程度。对于教师网络研修活动来说，行为评估可以对教师是否将所获得的知识运用于日常工作中，从而使教学行为有所改进进行评估。

第四级——成果评估，判断培训项目为被培训者所在组织创造的效益。对于教师网络研修的成果评估，可评价项目对项目学校的影响，包括对提高学校教学质量以及带动学校教师专业发展的作用。

在对教师网络研修活动的质量管理中，上述四种方法实际上是有机结合的。它们的关系是：形成性评价和总结性绩效评估方法都运用了真实性评估的思想，柯氏四级培训评估法则可以作为总结性绩效评估的有效工具，它为教师网络研修阶段性的质量评估提供了层次化的评估手段。

·电子档案袋对教师网络研修活动评估的支持作用·

由于教师网络研修活动以教师网络研修支撑平台做支持，因此，教师电子档案袋成为跟踪和记录教师网络研修信息的最佳工具。教师电子档案袋对教师网络研修活动的评价作用归纳起来有以下四点。

一、全面记录真实的教师网络研修过程

教师电子档案袋对每位教师参与教师网络研修活动过程中大量信息进行持续不断的捕获，方便管理者从教师研修行为的角度分析教师网络研修活动设计的有效性，并为教师网络研修活动的形成性评价提供支持。

二、为真实性评估提供丰富的教师教学行为信息

教师电子档案袋起着连接教学实践情境和教师网络研修环境的桥梁作用。它强调从教师的真实工作实践中捕获较为全面的、体现教师实践能力发展的教师教学行为数据，这种对教师教学行为信息的存储，使教师电子档案袋起到将教师的现实工作经历拉入到教师网络研修环境的长焦距镜头中的作用(杨卉和王陆，2008)。因此，电子档案袋能对教师真实性评估提供依据。

三、促进质性和量化评价的结合

从教师电子档案袋存储的内容看，既有量化数据也有质性数据。在教师电子档案袋中存储着大量的量化数据，例如，教师参与教师网络研修活动中行为和作品的频次统计、教师常态课视频案例分析数据等。在教师电子档案袋中也存在着大量的教师在教学与研修过程中的描述性和解释性信息，这些属于质性数据。例如，教师的教育叙事、教学视频案例及课后反思，以及教师在教师网络研修团队中与助学者和同伴的交流片段等。由此可见，教师电子档案袋存储着较为丰富的教师的教学实践与网络研修的量化和质性数据，这些数据都可以被当作教师形成性评价中的重要依据。

四、促进形成性评价和总结性评价的结合

教师电子档案袋记录了各位教师参与教师网络研修活动的过程信息，追踪了基于真实课堂的各位教师教学行为发展的过程信息，教师电子档案袋的长期和持续的信息积累，反映了每位教师专业发展过程的历史信息，与此同时，它对历史数据的挖掘、统计还可以产生各个研修阶段的总结性评价。因此，教师电子档案袋既支持教师在网络研修活动过程中的形成性评价，也支持教师网络研修活动后的总结性评价和预测教师专业发展趋势，以便规划今后教师网络研修的发展方向。

·教师网络研修活动的绩效评估实施方法·

教师网络研修活动的绩效评估方法可以采用柯氏四级培训评估法，参照教师网络研修活动的目标即发展教师实践性知识，改进教师的教学

行为，按照以下四个层次进行质量评估。

一、第一层——对教师网络研修活动的反应评估

反应评估对于教师网络研修活动的评估来说是非常重要的。其作用体现在：首先，反应评估能够反映出教师对教师网络研修活动表现出的积极或消极反应，而积极反应是教师网络研修活动取得成效的前提。其次，反应评估使教师将自己对教师网络研修活动设计和实施过程的意见反映出来，促进教师网络研修活动设计和实施策略得到改进。

需要强调的是，教师的反应评估是不可或缺的第一层评估。试想，如果教师对网络研修活动非常不满意，他们就不会在第二层、第三层、第四层评估中有良好的评价；然而，第一层反应评估有良好的评价，但是第二层、第三层、第四层不一定就有好的评价结果。因此，对教师网络研修活动的评估不能越过反应评估层。

对教师网络研修活动进行反应评估的实施方法可以主要采用调查问卷法。参照柯氏四级培训评估法，给出教师网络研修活动反应评估的指导原则如下：

①确定对教师网络研修活动的评估事项；
②设计一份能够量化参与活动教师反应的问卷；
③鼓励参与活动的教师提交开放性的意见和建议；
④通过网络得到参与活动教师的反馈；
⑤确定大家认可的评估标准；
⑥根据标准衡量教师对网络研修活动的反应，并采取相应的措施；
⑦对参与活动教师的反应进行恰当的反馈。

确定大家认可的评估标准的方法是：问卷可以采用五点式的评分标准（5分制），对有效问卷的填写情况进行汇总，将问卷中每个事项的给

分与这一事项的权重相乘(例如,"5"代表"最好""4"代表"很好""3"代表"好""2"代表"一般""1"代表"差"),并将所得的结果相加,然后除以回收答卷的总数,就可以得到参与活动教师对这一事项的平均分值。评估标准是根据以往的得分情况确定的。在不同的研修环境(如参与人员的研修特征、助学服务的完善与否等)中制定的标准可能与一般标准有一定差距,即在具体研修情境中,评估标准还要根据对教师网络研修活动的预期情况分析制定。

对教师网络研修活动的反应评估内容主要有以下六个方面:
①对教师网络研修活动主题的评价;
②对教师网络研修活动设计的评价;
③对教师网络研修活动日程安排的评价;
④对在线助学服务的评价;
⑤对教师网络研修活动环境的评价;
⑥对教师网络研修活动的改进建议。

其中,在上述六个方面的评价中,每个方面可以是多个维度的。例如,对在线助学服务的评价可以从情感支持、学术支持和人际支持等维度进行。第六个方面要求教师对教师网络研修活动提出改进建议,是一个开放的评价形式。

二、第二层——对教师网络研修活动的学习评估

学习评估是指教师参与教师网络研修活动后,能够在多大程度上实现教育信念的转变、教师专业知识的扩充或教学技能的提升等。教师网络研修活动的学习评估是非常重要的评估环节,可以说,要想让教师的教学行为发生转变(第三层评估),就必须让他们在教育信念上发生转变,或者使他们的实践性知识得到扩充,或者在教学技能上有所提升,

这三者中至少有一项要发生转变。反之，即使三者得到实现，但是教师教学行为改进的预期结果并不一定会发生。因此，第三层的行为评估不能越过学习评估。

教师网络研修活动的学习评估的指导原则如下：

①如果可能，可以借助对照组进行分析；

②对教师参与教师网络研修活动前后的实践性知识、技能或态度进行评估；

③通过在线问卷、上传作品等形式对教师的知识和技能做出测试。

教师网络研修活动的学习评估的主要内容需要根据具体的研修活动主题而定，主要体现在以下三个方面：

①评估教师通过网络课程等方式理解与掌握教育教学理论和教学方法的程度；

②评估教师在网络研修活动中对所获得的教学实践性知识的理解和掌握程度；

③评估教师所提交的研修作品（如教学设计、反思日志、研究课录像等）体现出来的教学理念、教学技能等的提高程度。

由此可见，教师网络研修活动的学习评估层可通过问卷、书面答卷或内容分析等方式来实现。

三、第三层——对教师网络研修活动的行为评估

教师网络研修活动的行为评估层的任务是明确参与教师网络研修活动对教师教学行为转变的影响。显然，这一层次比前两级评估所面临的挑战更大。教师要有机会将在教师网络研修活动中获得的知识技能运用于教学中，否则很难促成教师教学行为的转变。因此，对于教师网络研修活动的行为评估要确定：如何评估、多长时间评估一次、评估对象如

何选择等。为了解决上述问题，一方面，教师网络研修主题要与教师的教学实践紧密联系，能够解决教育教学中常见的问题，从而对教师的教学工作有直接影响；另一方面，在评估过程中要遵循以下评估指导原则：

①为教师教学行为改进提供条件。例如，留出足够的时间让教师进行教学设计和教学安排、研修任务与课堂教学有关、教师网络研修团队的教师能对教学进行观摩等。

②在教师网络研修活动前后都要进行教师课堂教学案例的分析评估。

③对教师教学相关人员进行调查和访谈，包括学生、课堂观察者等。

④选择部分参与网络研修活动的教师作为调查样本进行评估。

⑤根据教师网络研修的内容，确定聚焦教师的哪些教学行为。

⑥教学案例的评估应采用定性评估与定量评估相结合的方式。

对于教师网络研修活动的行为评估方法采用聚焦常态课堂的真实性评估方法。该评估方法将课堂观察、教师课后反思和专家点评三个环节有机整合，具体环节如下。

其一，课堂观察。利用课堂分析工具，对课堂教学活动信息进行收集和分析，从中获得课堂中师生行为的特征，如课堂教学模式分析法、课堂师生互动质量分析法和记号体系分析法等。对课堂师生行为进行信息采集、量化和分析处理的评价过程，是定性和定量方法的结合。

其二，授课教师的课后反思。教师的课后反思能够反映教师对课堂教学行为的回顾、自我评价，以及对教学实践性知识再认识的能力和水平。

其三，专家或同行对教学案例的解释性课堂点评。评价者凭借自己的经验和理论知识，对课堂教学进行定性评价。

实践表明，对常态课堂教师教学行为的评估，如果单从任何一个视角去评估都不能真实反映课堂中教师的真实能力和水平。仅仅利用课堂教学活动信息数据采集分析方法进行课堂教师教学行为评估的局限性在于，分析过程较少考虑背景因素，只对预定的类目数据（如师生互动行为）进行采集，而忽视其他因素，因此观察到的现象尽管细致，但却容易导致以偏概全。仅仅利用教师个人反思进行课堂教学行为的评价显然无法跳出教师个人思维的限制，难以实现课堂评估的预期目的。而仅仅通过评价者（专家或同行成员）的定性点评也有一定的缺陷，由于对课堂的定性分析与评价者的相关经验和理论水平有很大关系，因此，难以保证评价者对课堂进行准确的"把脉"。由此可见，只有将三个环节有机结合，使它们发挥各自的优势，并对各自的劣势加以互补，才能实现对教师教学行为变化的真实性评估，才能判断教师网络研修活动的效果和存在的问题，以便调整教师网络研修活动设计，不断适应教师专业发展的需要。

四、第四层——对教师网络研修活动的成果评估

教师网络研修活动的成果评估层是评估教师网络研修活动对参与教师网络研修项目的项目学校的教学研修影响，从而衡量教师网络研修活动对学校、教师群体专业发展、学校教学质量等产生的效益。在评估过程中要遵循以下评估指导原则。

①留出充足的时间，促进教师网络研修活动成果的实现。

②如果可能，在参与教师网络研修活动前后都进行评估。

③在合理的时间范围内进行多次评估，使其成为学校发展的重要依据。

④成果评估要结合学校的发展特点，以及教师网络研修活动的特点来确定评估内容。评估的主要内容包括：

- 学校不同群体教师的实践性知识发展情况（如新手教师、骨干教师和成熟型教师等）；
- 教师网络研修活动对学校教学质量的影响；
- 教师网络研修活动对学校校本研修的影响；
- 对于区域性的教师网络研修活动，可以对地区内的不同群体教师进行实践性知识发展的评估。

案例剖析

教师网络研修活动的绩效评估

·案例背景·

本案例讲述的是来自山东省、四川省、北京市、广东省9所学校的约150名教师参与的为期一年（2009年7月—2010年6月）的靠谱COP项目。教师基于靠谱COP支撑平台开展网络研修活动，在一年的时间内，在该平台上组建了二十余个教师网络研修团队，各教师网络研修团队开展了同侪互助、师徒结对等多种教师网络研修活动。本案例将以该项目教师网络研修活动的绩效评估为例，说明柯氏四级培训评估法在教师网络研修活动绩效评估中的应用。

·教师网络研修活动的绩效评估过程·

本案例中绩效评估的内容包括：教师网络研修活动的反应评估、教师网络研修活动的学习评估、教师网络研修活动的行为评估和教师网络研修活动的成果评估四个层次。

一、教师网络研修活动的反应评估

本绩效评估对教师进行了满意度问卷调查，调查教师对教师网络研修活动的评价。调查问卷包括：对项目研修主题的评价、对各教师网络研修活动设计的评价、对研修资源的评价、对在线助学服务的评价、对教师网络研修支撑平台的支持环境的评价，以及对教师网络研修活动实施安排的评价六个维度。最后的开放题是请教师对该项目的教师网络研修活动设计和实施等方面提出改进建议。图4-6显示了教师对项目满意度的调查结果。

从图4-6中可见，教师对项目总体满意度非常高。另外，我们还对开展的十几个活动的满意度进行了调查，由于篇幅所限，在这里就不再赘述了。

二、教师网络研修活动的学习评估

本绩效评估从两个途径对教师网络研修活动进行了学习评估：一是通过对教师的研修作品（帖子、教学设计、反思日志等）进行内容分析，评估一年来的网络研修活动对教师实践性知识的影响；二是对教师进行在线问卷调查，对教师实践性知识的发展情况进行评估。两种途径相互验证，提高了评估的信度。

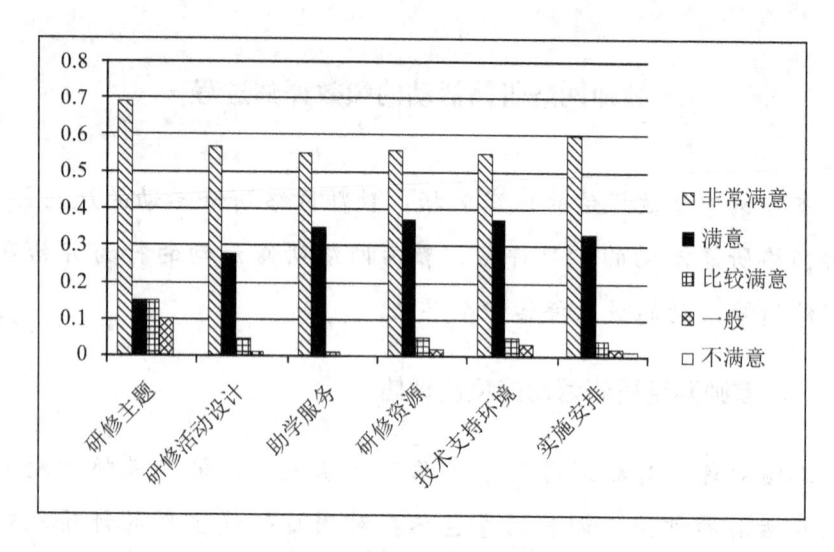

图 4-6 教师对项目满意度的调查结果统计

1. 内容分析的评估结果

所谓内容分析是一种对具有明确特性的传播内容进行的客观、系统和定量描述的研究技术(Berelson, 1952)。教师作品内容分析的主要步骤是：①认真阅读原始资料，仔细琢磨其中的意义和相互关系。②完成资料分析的基本工作——"逐级登录"，即在收集的资料中寻找对本研究问题有意义的登录码号。码号是资料分析中最基础的意义单位，寻找码号的一个标准是有关词语或内容出现的频率，此外，还要寻找码号之间的联系。③寻找"本土概念"，即被研究者经常使用的、用来表达他们自己看待世界的方式的概念。④建立编码和归档系统(王陆等，2008)。内容分析可借助 Nvivo 等软件完成。在对项目开展一年来所产生的教师作品：交流帖、教学设计、反思日志、数字故事 DST 等进行内容分析后，将其分为三个阶段进行数据统计，得出教师网络研修活动对教师的教育信念、教学策略知识、师生人际知识以及反思性知识的影响。图 4-7 所示是教师在参与一年的教师网络研修活动过程中四种教师实践性知识的发展趋势。

对上述内容的分析依据了教师实践性知识评价标准。结果表明，教师参与教师网络研修活动一年来对教师实践性知识的影响主要体现在：①对教师的教育信念有较大影响，特别是第一阶段到第二阶段，教师的教育信念转变较为明显。②促进了教师教学策略知识的增长。③促进了教师与学生关系的改善。④教师的反思水平有明显提高。

(a)

(b)

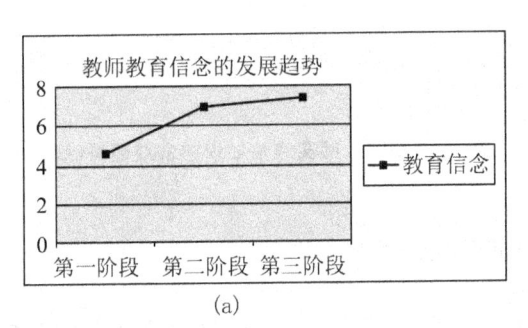

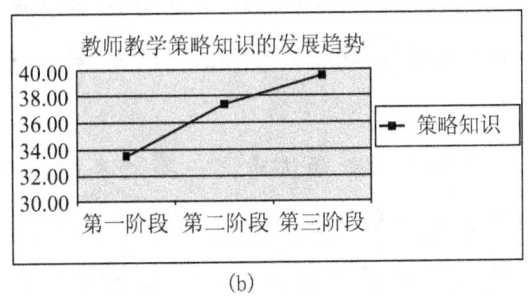

图 4-7 四种教师实践性知识的发展趋势

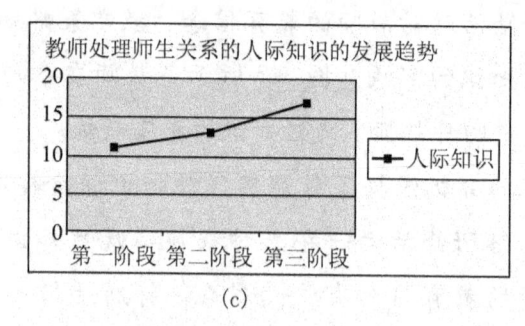

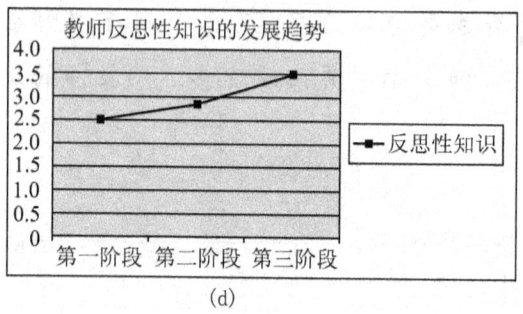

图 4-7 四种教师实践性知识的发展趋势(续)

2. 在线调查的分析结果

通过问卷调查，获得了一年来教师参与网络研修活动对教师实践性知识的影响程度的数据，教师在线问卷调查的结果如图 4-8 所示。

图 4-8 表明，绝大多数教师认为，一年来参与教师网络研修活动对教师的四种实践性知识都产生了较大影响。

由此可见，从对教师研修作品的内容分析和对教师在线问卷调查结果的分析都表明，参与教师网络研修活动对教师的四种教学实践性知识改进有显著影响。

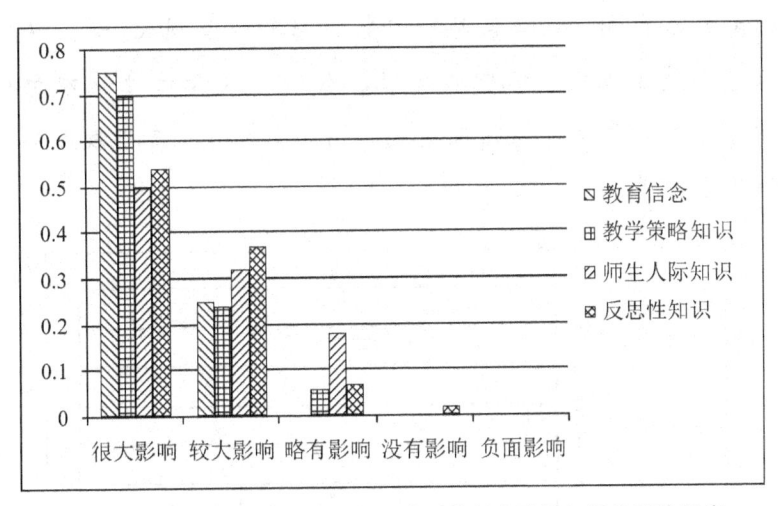

图 4-8　在线调查教师网络研修活动对教师实践性知识的影响程度

三、教师网络研修活动的行为评估

教师网络研修活动的行为评估层的任务是弄清参与教师网络研修活动对教师教学行为转变的影响。本评估在各实验学校获取了不同的教师群体（教龄在十年以上的成熟型教师和教龄在三年以下的新手教师，以及教龄在三至十年的青年骨干教师）在参与项目的初期、中期和后期上传的近百节常态课例。助学者通过多种课堂观察分析方法对这些常态课例进行了课堂观察与分析，分析结果如下。

1. 常态课例分析表明，具有先进教学理念的教师教学行为显著增加

通过使用弗兰德斯分析法和记号体系分析法对上传的常态课堂视频进行分析，得出不同阶段课堂的"教师主导比率""学生主导比率"及"积极影响与消极影响的比率"等数据的变化，并发现教师的教学行为有了很大变化，体现了新的教学理念，如"以学生观点引领课

堂""理论联系实际""通过信息技术将抽象知识直观化"等。从信息技术在教学中整合方式、课堂主体性、教学方式开放性等方面对课堂进行综合评估，并将评估结果量化，图4-9表明，三个教师群体的教学行为明显改进。

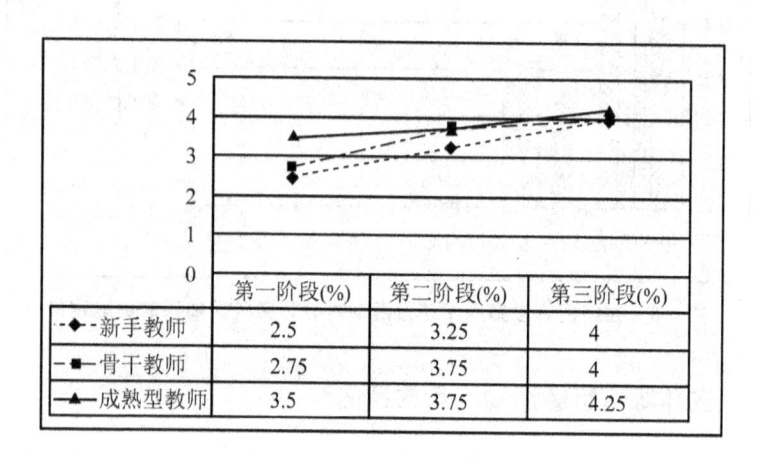

	第一阶段(%)	第二阶段(%)	第三阶段(%)
新手教师	2.5	3.25	4
骨干教师	2.75	3.75	4
成熟型教师	3.5	3.75	4.25

图4-9 教师教学行为转变趋势

2. 常态课例分析表明，课堂师生人际关系明显改善

参与本项目的三类教师群体经过三个阶段的学习后，在处理课堂的师生人际关系方面也有不同程度的改进，其中，骨干教师和新手教师改进幅度较大。教师在课堂上回应学生时采用积极态度的比率在增加，教师打断学生回答或代答现象大幅度减少；同时，学生主动发言的比率也在增加。这些从图4-10中可以得到相互印证。

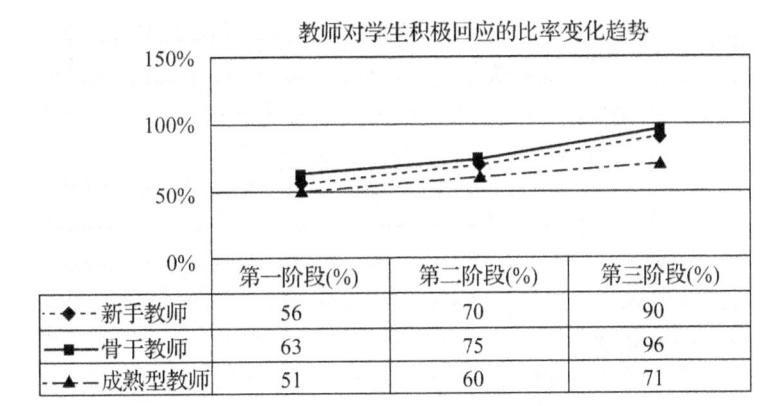

教师对学生积极回应的比率变化趋势

	第一阶段(%)	第二阶段(%)	第三阶段(%)
新手教师	56	70	90
骨干教师	63	75	96
成熟型教师	51	60	71

(a)

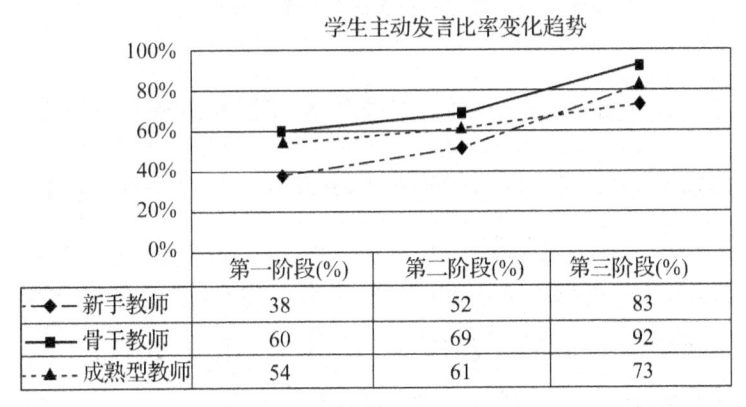

学生主动发言比率变化趋势

	第一阶段(%)	第二阶段(%)	第三阶段(%)
新手教师	38	52	83
骨干教师	60	69	92
成熟型教师	54	61	73

(b)

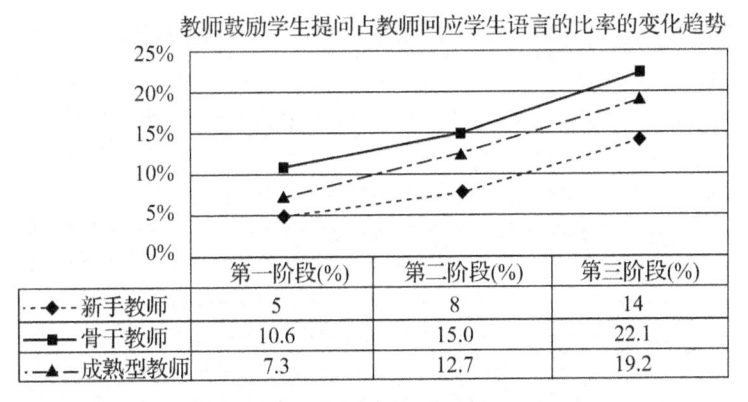

教师鼓励学生提问占教师回应学生语言的比率的变化趋势

	第一阶段(%)	第二阶段(%)	第三阶段(%)
新手教师	5	8	14
骨干教师	10.6	15.0	22.1
成熟型教师	7.3	12.7	19.2

(c)

图 4-10 课堂师生人际关系变化趋势

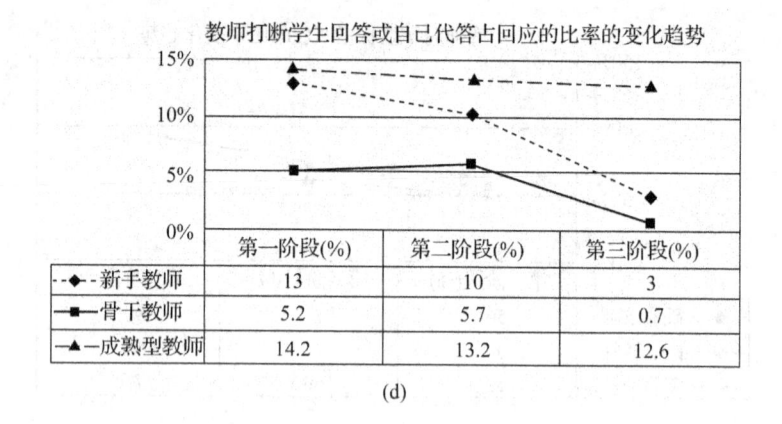

教师打断学生回答或自己代答占回应的比率的变化趋势

	第一阶段(%)	第二阶段(%)	第三阶段(%)
--◆--新手教师	13	10	3
—■—骨干教师	5.2	5.7	0.7
—▲—成熟型教师	14.2	13.2	12.6

(d)

图 4-10 课堂师生人际关系变化趋势(续)

3. 常态课例分析表明，教师教学策略实施效果有显著改善。

图 4-11 表明，三类教师群体的教学在经过三个阶段网络研修活动的参与后，都有不同程度的提高。其中提高幅度最大的是骨干教师，其次是新手教师，成熟型教师群体提高幅度最小；成熟型教师在同行中教学策略实施效果始终是最高的，骨干教师的增长幅度超过了新手教师，几乎达到了成熟型教师的水平。

教师教学策略实施效果变化的趋势

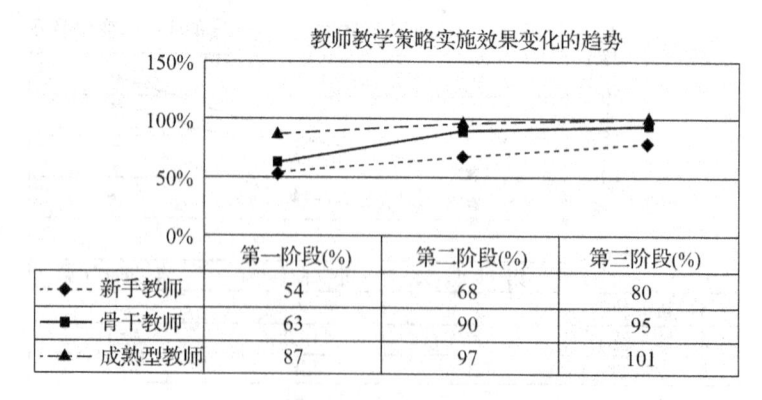

	第一阶段(%)	第二阶段(%)	第三阶段(%)
--◆--新手教师	54	68	80
—■—骨干教师	63	90	95
—▲—成熟型教师	87	97	101

图 4-11 教师教学策略实施效果变化的趋势

通过上述对教师常态课堂的教学行为分析，获得了教师网络研修活动对不同群体教师教学行为转变的影响效果。行为评估结果对挖掘数据背后的原因、改进教师网络研修活动设计，促进教师更加积极有效地参与教师网络研修活动，改进课堂教学等，都具有重要意义。实际上，在分析教师网络研修活动对教师教学行为的影响时，还可以通过专家和同行点评、教师自评、学生调查等方法获得综合的评估，在这里就不再一一赘述。

四、教师网络研修活动的成果评估

教师网络研修活动的成果评估层主要是评估教师网络研修项目对项目学校的影响，包括对项目学校教师专业发展的影响、对项目学校教学效果的影响等。

本案例发生在九所靠谱COP项目校的教师参与靠谱COP网络研修活动一年后。为期一年的各种教师网络研修活动中，对大部分学校来说影响最为显著的是校本研修。

每所靠谱COP项目校有一个由十几名教师组成的靠谱研修团队，团队成员不仅在靠谱COP得到专业发展，而且把所学知识在所在学校中广为传播，带动了学校校本研修向深层次发展。据调查，已有五所学校的校本研修开展了"课堂观察方法""教学反思方法"等培训，使靠谱COP项目校全体教师获益。

· 案例分析 ·

本案例对教师参与的为期一年的网络研修活动的绩效评估的方法和过程进行了较为详细的介绍。该案例给我们的启示是：首先，教师网络研修活动的绩效评估需要综合采用课堂教学行为分析法、内容分析法、柯氏四级培训评估法等多种方法才能完成。其次，教师网络研修活动的绩效评估将量化和质性分析有机结合。再次，在用柯氏四级培训评估法进行教师网络研修活动的评估时，要结合教师网络研修活动的特点制定评估原则和实施策略。最后，按照柯氏四级培训评估法，对教师网络研修活动结果的评估是评估教师网络研修项目能否促进教师将所生成的实践性知识应用到实际工作中；能否促进项目学校教学效果的改进；能否促进项目学校教研水平的提高；能否对项目学校的发展规划有促进作用，等等。然而，由于成果评估需要一定的时间才能使项目效果得以显现，因此，评估者要根据项目学校的具体情况，决定多长时间对教师网络研修项目成果进行评估，以及选择什么时机对教师网络研修项目进行成果评估。

参考文献

国内文献

[1]蔡宝来，车伟艳．国外教师课堂教学行为研究：热点问题及未来趋向．课程·教材·教法，2008．

[2]陈向明．对教师专业发展中引入案例式研修的几点思考．教育发展研究，2009．

[3]陈向明．理论在教师专业发展中的作用．北京大学教育评论，2008．

[4]陈向明．实践性知识：教师专业发展的知识基础．北京大学教育评论，2003．

[5]陈向明．质的研究方法与社会科学研究．北京：教育科学出版社，1999．

[6]邓大才．概念建构与概念化：知识再生产的基础——以中国农村研究为考察对象．社会科学研究，2011．

[7]邓志伟．关于教师反思性实践的批判性反思．开放教育研究，2008．

[8]方引青，刘洪沛．网络学习资源评估研究的新成果——LORI．人力资源·培训在线，2009．

[9]房慧，经验学习的反思与建构．西南大学博士学位论文，2011．

[10]冯生尧，李子建．教师文化的表现、成因和意义．教育导报，2002．

[11]高巍．课堂教学师生言语行为分析——基于弗兰德斯教育言语行为互动分析系统的实证研究．上海：华东师范大学出版社，2007．

[12][德]哈贝马斯．后形而上学思想．曹卫东等译．上海：译林出版社，2001．

[13]韩继伟，林智中，黄毅英，马云鹏．西方国家教师知识研究的演变与启示．教育研究，2008．

[14][美]柯克帕特里克．如何做好培训评估．奚卫华等译．北京：机械工业出版社，2007．

[15]李银玲．教师远程培训中的在线干预设计．华东师范大学博士学位论文，2009．

[16][法]马太·杜甘．国家的比较：为什么比较，如何比较，拿什么比较．文强译．北京：社会科学文献出版社，2010．

[17]孟宪乐．教师文化：教师专业发展的生态环境．教师教育论丛，2004．

[18][美]帕里斯，爱尔丝．培养反思力．袁坤译．北京：中国轻工业出版社，2001．

[19]皮连生．学与教的心理学．上海：华东师范大学出版社，1997．

[20]蒲梅．基于网络的教师实践社区资源建设与应用研究．首都师范大学硕士学位论文，2011．

[21]齐阳．网络辅导教师职业能力研究——以教师实践社区（COP）为例．首都师范大学硕士学位论文，2011．

[22][美]乔纳森．学习环境的理论基础．郑太年译．上海：华东师范大学出版社，2002．

[23]孙建敏，王青．团队管理．北京：企业管理出版社，2004．

[24]王陆，课堂观察方法与技术．北京：北京师范大学出版社，2012．

[25]王陆，杨卉．基于真实性评估的教师专业学习与培训．电化教育研

究，2010.

[26]王陆，张敏霞，杨卉．教师在线实践社区(TOPIC)中教师策略性知识的发展与变化．现代远程教育研究杂志，2011.

[27]王陆．教师在线实践社区COP的绩效评估方法与技术．中国电化教育，2012.

[28]王陆．教师在线实践社区的研究综述．中国电化教育，2011.

[29]王陆等．信息化教育科研方法．北京：教育科学出版社，2003.

[30]王佑镁．网络环境中学习者反思性思维层次评估研究．现代远距离教育，2009.

[31]王中男，崔允漷．教师专业发展为什么要学校本位．上海教育科研，2011.

[32][德]沃尔夫冈·布列钦卡．教育科学的基本概念．胡劲松译．上海：华东师范大学出版社，2001.

[33]吴刚平．教师的教育经验及其意义．教师之友，2005.

[34]吴刚平．教育经验的意义及其表达与分享．全球教育展望，2004.

[35]夏惠贤．论教师专业发展．外国教育资料，2000.

[36]闫寒冰．远程教师教育的绩效评估研究与实践．中国电化教育，2006.

[37]严奕峰．体验学习圈：体验与学习发生的过程机制．上海教育科研，2009.

[38]杨翠蓉．教师专业发展．北京：教育科学出版社，2009.

[39]杨卉，王陆．基于教师电子档案袋的网络教师专业发展支持环境的设计研究．电化教育研究，2008.

[40]杨卉．教师网络实践共同体研修活动设计与实现．西北师范大学博士学位论文，2011.

[41]杨开城．以学习活动为中心的教学设计理论：教学设计理论的新探索．北京：电子工业出版社，2005.

[42] 叶澜. 教育研究方法论初探. 上海：上海教育出版社, 1999.

[43] 应方淦, 高志敏. 情境学习理论视野中的成人学习. 开放教育研究, 2007.

[44] [美] 约翰·杜威. 民主主义与教育. 王承绪译. 北京：人民教育出版社, 1990.

[45] 张敏霞, 房彬. 教师在线实践社区中的资源建设理论与技术. 中国电化教育, 2011.

[46] 张振新, 吴庆麟. 情境学习理论研究综述. 心理科学, 2005.

[47] 赵昌木. 创建合作教师文化：师徒教师教育模式的运作与实施. 教师教育研究, 2004.

[48] 赵金波. 做好知识管理，让教师工作更高效. 现代教育技术, 2003.

[49] 赵明仁, 黄显华. 建构主义视野中教师学习解析. 教育研究, 2011.

国外文献

[50] Adler, J.. *social practice theory and mathematics teacher education: a conversation between theory and practice*. Nordic Mathematics Education Journal, 2000.

[51] Barab, S. A. & Duffy, T.. *From practice fields to communities of practice*. In Jonasson, D. & Land, S. M.. *Theoretical foundations of learning environments*. Mahwah, NJ: Lawrence Erlbaum Associates, 2000.

[52] Beetham, H. & Rhona, S.. *Rethinking pedagogy for a digital age: designing and delivering E-learning*. New York: Routledge, 2007.

[53] Beetham, H.. *Review developing E-learning models for the JISC practitioner communities*. JISC E-learning and Pedagogy Programme, 2004.

[54] Bereiter, C. & Scardamalia, M.. *Learning to work creatively with knowledge*. De Corte, E., Verschaffel, L., Entwistle, N. & Van Merriënboer,

J.. *Unraveling basic components and dimensions of powerful learning environments.* Oxford: Elsevier Science, 2003.

[55] Berelson, B.. *Content analysis in communication research.* New York: Free Press, 1952.

[56] Borko, H.. *Professional development and teacher learning: mapping the terrain.* Educational Researcher, 2004.

[57] Brown, J. S., Collins, A. & Duguid, P.. *Situated cognition and the culture of learning.* Educational Researcher, 1989.

[58] Chalmers, L. & Keown, P.. *Communities of practice and professional development.* International Journal of Lifelong Education, 2006.

[59] Chitpin, S. & Evers, C. W.. *Teacher professional development as knowledge building: a popperian analysis.* Teachers and Teaching: Theory and Practice, 2005.

[60] Davis, K. S.. *"Change is hard": what science teachers are telling us about reform and teacher learning of innovative practices.* Science Education, 2003.

[61] DeLong, D. L., Fahey. *Diagnosing cultural barriers to knowledge management.* The Academy of Management Executive, 2000.

[62] DuFour Richard, DuFour Rebecca & Eaker Robert. *On common ground: the power of professional learning communities.* Bloomington, Indiana: National Educational Service, 2004.

[63] Engeström, Y.. *Activity theory and individual and social transformation.* Engeström, Y., Miettinen, R., Punamäki, R.. *Perspectives on activity theory.* Cambridge, UK: Cambridge University Press, 1999.

[64] Evers, C. W.. *Connectionist modeling and education.* Australian Journal of Education, 2000.

[65]Galbaraith,M.. *Community-based organization and the delivery of lifelong learning opportunities*. Paper presented at the *National Institute on Postsecondary Education,Libraries & Lifelong Learning*. Office of Educational Research & Improvement;US Department of Education,1995.

[66]Georgea M. ,Sparks-Langer, Simmons,J. M. , Pasch,M. , et al.. *Reflective pedagogical thinking; how can we promote it and measure it?*. Journal of Teacher Education, 1990.

[67]Glazer,E. , Hannafin,M. J. & Song,L.. *Promoting technology integration through collaborative apprenticeship*. Educational Technology Research and Development, 2005.

[68]Gould, N. , Baldwin, M.. *Social work, critical reflection, and the learning organization*. Ashgate Publishing, 2004.

[69]Greeno, J. G.. *Situative research relevant to standards for school mathematics*. Kilpatrick,J. , Martin,W. G. & Schifter,D.. *A research companion to principles and standards for school mathematics*. Reston, VA: National Council of Teachers of Mathematics, 2003.

[70]Gulikers,J. T. M. , Bastiaens,T. J. , Kirschner,P. A.. *A five dimensional framework for authentic assessment*. ETR&D, 2004.

[71]Hargreaves,A.. *Changing teachers, changing times: teacher's work and culture in the post modern age*. New York: Teachers college press, 1994.

[72]Hoadley, C. M. & Pea, R. D.. *Finding the ties that bind: tools in support of a knowledge building community*. Renninger, K. A. & Shumar, W.. *Building virtual communities: learning and change in cyberspace*. New York: Cambridge University Press, 2002.

[73]Hofer, B. K.. *Epistemological understanding as a meta-cognitive process: thinking aloud during online searching*. Educational Psychology, 2004.

[74] Isobel Falconer, et al.. *Learning activity reference model-pedagogy*. http://www.elframework.org/refmodels/ladie/guides,2006./index.html.

[75]John,I. & Goodlad. *Teachers for our nation's schools*. San Francisco: Jossev-Bass Publishers, 1990.

[76]Jonassen,D. H.. *Learning as activity*. Educational Technology, 2002.

[77]Khalil,G.. *Representing the epistemic nature of teachers' practical knowledge*. University of Helsinki, 2009.

[78]Kolb,D. A. *Experiential learning:experience as the source of learning and derelopment*. New Jersey:Prentice-Itall,1984.

[79] Lave, J. & Wenger, E.. *Situated learning: legitimate peripheral participation*. Cambridge, UK: Cambridge University Press, 1991.

[80]Nonaka,I. & Takeuchi,H.. *The knowledge-creating company*. Oxford: Oxford University Press, 1995.

[81]Putnam, R. & Borko, H.. *What do new views of knowledge and thinking have to say about research on teacher learning?*. Educational Researcher, 2000.

[82]Russell,D. R.. *Rethinking genre in school and society: an activity theory analysis*. Written Communication, 1997.

[83]Sandy Britain. *A review of learning design: concept, specifications and tools*. http://www.jisc.ac.uk/uploaded_documents/ACF1ABB.doc,2004.

[84] Schlager, M. S. & Fusco, J.. *Teacher professional development, technology, and communities of practice: are we putting the cart before the horse?*. Barab, Kling, Gray. *Designing for virtual communities in the service of learning*. Cambridge: Cambridge University Press, 2003.

[85]Shulman, L. S., Shulman, J. H.. *How and what teachers learn: a

shifting perspective. Journal of Curriculum Studies, 2004.

[86] Spillane, J. P.. External reform initiatives and teachers' efforts to reconstruct practice: the mediating role of teachers' zones of enactment. Journal of Curriculum Studies, 1999.

[87] Toom, A.. Tacit pedagogical knowledge at the core of teacher's professionality. Research Report 276. Department of Applied Sciences of Education, Faculty of Behavioral Sciences, University of Helsinki, 2006.

[88] UNESCO. Situation analysis of teacher education in pakistan. http://www.teachereducation.net.pk/files/sal.pdf.

[89] Wilson, S. M. & Berne, J.. Teacher learning and the acquisition of professional knowledge: an examination of research on contemporary professional development. In A. Iran-Nejad and P. D. Pearson (Eds.), Review of Research in Education, 1999.

[90] Wilson, S. M., Shulman, L. S. & Richert, A. E.. 150 different ways of knowing: representations of knowledge in teaching. Calderhead, J.. Exploring Teacher Thinking. London: Cassell, 1987.

[91] World Bank. Program document for a proposed credit to the Islamic Republic of Pakistan for a first north west frontier province development policy credit. Report No. 35479-PK, 2006.